Stimmen zu diesem Buch

In unserer Zeit, die ein seltenes Phänomen in der Geschichte der Kirche darstellt—hohe kirchliche Autoritäten verlangen von Priestern und Gläubigen Gehorsam, um sie dazu zu nötigen, am Prozess der Schwächung der Integrität des Glaubens und der Heiligen Liturgie mitzuwirken -, bietet das vorliegende Buch von Dr. Peter Kwasniewski rechtzeitig eine wertvolle theologische Klärung über die authentische Bedeutung des Gehorsams. Dieser Traktat wird vielen verwirrten Seelen Gewissensfrieden bringen und sie in ihrer Treue zur immerwährenden lehrmäßigen und liturgischen Tradition der heiligen Mutter Kirche bestätigen.

—S. E. Bischof Athanasius Schneider,
Weihbischof der Erzdiözese St. Maria in Astana

Wir erleben eine beispiellose Zeit, wie sie seit der Kreuzigung Christi nicht mehr vorgekommen ist. Die göttliche Vorsehung hat bestimmt, dass wir in einer Zeit leben sollen, in der die Kirche als der mystische Christus am Kreuz hängt. Wie sollen wir zwischen dem Gehorsam gegenüber Gott und dem Gehorsam gegenüber den Menschen unterscheiden, wenn diejenigen, welche die kirchliche Autorität innehaben, den Gehorsam gegenüber Gott verweigern und unser Vertrauen verwirkt haben? Dieser wunderbare Traktat liefert solide Grundsätze für unseren Unterscheidungsprozess; Grundsätze, die angesichts neuer Angriffe auf die katholische Tradition besonders relevant sind; und er wird unsere Entschlossenheit stärken, in allen Dingen Gott zu gehorchen.

—P. John Paul Echert, SSL
Pontifical Biblical Institute

Unser liebevoller und sanftmütiger Heiland sprach zu den religiösen Führern seiner Zeit diese Worte: "Wehe euch, ihr Schriftgelehrten und Pharisäer, ihr Heuchler! weil ihr das Himmelreich vor den Menschen verschließet. Denn ihr selbst gehet nicht hinein, und auch die hinein wollen, lasset ihr nicht hineingehen.... Wehe euch, ihr Schriftgelehrten und Pharisäer, ihr Heuchler! Weil ihr das Meer und das Festland durchziehet, um einen einzigen Bekehrten zu machen; und wenn er es geworden ist, so machet ihr ihn zum Kinde der Hölle, zweifach mehr als ihr." (Mt. 23;13,15) Dr. Kwasniewski hat diesen Traktat aus Liebe zur Wahrheit im Geiste der Wahrheit selbst—aus Liebe zu Gott und zu seiner Kirche geschrieben. Ich bin außerordentlich dankbar, dass dieser Sohn der Kirche uns in dieser äußerst schwierigen Zeit hilft zu wissen, wie wir auf die vielen falschen und unvernünftigen Vorgaben einiger ihrer obersten Amtsträger reagieren sollen. Ich halte *Wahrer Gehorsam in der Kirche* nicht nur für eine Pflichtlektüre, sondern auch für einen heilenden, weil klärenden Balsam für die Gläubigen.

—Mutter Miriam vom Lamm Gottes, O.S.B.
Veranstalterin von *Mother Miriam Live!* und Gründerin
der Daughters of Mary, Mother of Israel's Hope

Das ist die Art von Studie, die ich von Dr. Kwasniewski erwartet habe: Sorgfältig, durchdacht, kompromisslos, wissenschaftlich und zugleich allgemein verständlich; und es lohnt sich unbedingt, sie betend und nachdenkend zu erwägen und in Handlung umzusetzen. Bitte nehmen Sie sich die Zeit, diese Arbeit aufmerksam zu lesen und sie mit anderen zu teilen. Sie kann den Anfang eines längeren Gesprächs bilden, das gläubige Katholiken unbedingt führen müssen.

—P. Dr. Robert McTeigue, S.J.
Verfasser von *Real Philosophy for Real People: Tools for Truthful Living* und Gastgeber von *The Catholic Current*

Wenn es um Gehorsam geht, neigt der Mensch dazu, einen von zwei einander entgegengesetzten Fehlern zu machen: Er gehorcht entweder nur dann, wenn ihm danach ist (oder wenn er durch akute Sanktionen dazu gezwungen wird); oder er leistet einem Menschen den Gehorsam, der nur Gott gebührt. Wie können wir diese beiden Laster vermeiden? In Anlehnung an die Lehre des heiligen Thomas von Aquin stellt Peter Kwasniewski zeitlose Grundsätze vor, die uns helfen können, in schwierigen Zeiten dem Weg des wahren Gehorsams zu folgen.

—P. Thomas Crean, O.P.
Verfasser von *The Mass and the Saints*

Als Schüler des heiligen John Henry Newman war ich hocherfreut, als ich hörte, dass auch Dr. Kwasniewski an einem "Traktat für die Zeit" schrieb, mit dem er den exzellenten Vortrag, den er auf der Catholic Identity Conference gehalten hatte, erweiterte. Da ich selbst Priester bin, der aus der Kirche ausgeschlossen wurde, sprang ich von meinem Sitz auf und klatschte, als der gute Doktor seinen CIC-Vortrag beendete. Dass er die Grenzen des Gehorsams so prägnant erklärt, ist ein Trost für Priester, die aus dem Dienst entlassen werden, weil sie "nicht gehorsam sind". Ein Satz blieb mir besonders prägnant im Gedächtnis: "Nimm die Wahrheit weg, und du nimmst die Liebe weg; nimm die Liebe weg, und du nimmst die Wurzel des Gehorsams weg." Ich kann dieses Werk sowohl Geistlichen als auch Laien nur wärmstens empfehlen.

—Father John P. Lovell,
Mit-Begründer der Coalition for Canceled
Priests (Koalition entlassener Priester)

Als älterer ehemals anglikanischer Geistlicher und jetzt katholischer Priester finde ich den Angriff auf den authentischen Gebrauch des Römischen Ritus, der in Papst Franziskus' Traditionis Custodes unternommen wird, verwirrend. In den 1960er Jahren, als ich geweiht wurde, waren sich die besten anglikanischen Liturgiewissenschaftler einig, dass der römische Kanon ein Geschenk der heiligen Tradition aus den ersten Jahrhunderten der Kirche ist. Seine Abschaffung galt als unvorstellbar. Nicht einmal ein Papst hatte das Recht, daran zu rütteln. Dr. Kwasniewski zeigt mit akribischer Sorgfalt die Verpflichtung auf, die Gott uns auferlegt hat, Ihm mehr zu gehorchen als jedem Menschen, dessen Wille uns von Ihm wegführt, und sei es auch ein Papst. Seine Darstellung der katholischen Lehre über den Gehorsam ist ein schöner und klarer Überblick, der, da bin ich mir sicher, vielen Klerikern und Laien, die durch die gegenwärtige Situation in der katholischen Kirche beunruhigt sind, helfen und sie ermutigen wird.

—**Father John Hunwicke**

Wahrer Gehorsam in der Kirche

Weitere Bücher von Peter Kwasniewski

Resurgent in the Midst of Crisis
Noble Beauty, Transcendent Holiness
Tradition and Sanity
Reclaiming Our Roman Catholic Birthright
The Holy Bread of Eternal Life
Ministers of Christ
A Reader in Catholic Social Teaching
Newman on Worship, Reverence, and Ritual
And Rightly So: Selected Letters and Articles of Neil McCaffrey
Are Canonizations Infallible?
From Benedict's Peace to Francis's War

Peter Kwasniewski

Wahrer Gehorsam in der Kirche

Ein Leitfaden in schwerer Zeit

Os Justi
Press

Os Justi Press
Lincoln, Nebraska
https://www.peterkwasniewski.com/osjusti

Paperback ISBN 979-8-80-710088-7

"Bis zum letzten großen Augenblick mögen sich Heilige erheben und, indem sie ihre Freiheit richtig nutzen, ihre Geschlechter zum Wohle vieler Seelen zum wahren Licht lenken."

"Und dann könnten sich auch jene erheben, die weise regieren."

"Das ist möglich, wenn das Herz sich bekehrt. Doch das Herz allein reicht nicht aus. Es muss strahlende Wahrheit im Verstand sein, und dafür ist, glaube ich, eine Aufklärung des Gewissens notwendig."

—Michael O'Brien, Dialog aus *The Sabbatical*

Wahrer Gehorsam ist der Gehorsam einer Person, die in der Lage ist, ihren Willen zu erheben und mit dem Willen Gottes zu vereinen. Falscher Gehorsam ist der Gehorsam einer Person, die den Mann zu Gott macht, der die Autorität repräsentiert, und sich von ihm widerspruchslos unrechtmäßige Befehle geben lässt.

—Roberto de Mattei

Inhalt

Vorwort

Eine frühere Fassung dieses Textes wurde als Vortrag auf der Catholic Identity Conference in Pittsburgh am 2. Oktober 2021 gehalten. Für die Veröffentlichung wurde der Vortrag erheblich erweitert. Ich habe mich für Endnoten anstelle von Fußnoten entschieden, um das Layout übersichtlicher zu gestalten und ein flüssiges Lesen zu gewährleisten; einige Leser ziehen es möglicherweise beim ersten Lesen vor, die Anmerkungen beiseite zu lassen, um sich auf die Hauptlinie der Argumentation zu konzentrieren. Diese Leser möchte ich jedoch dazu ermutigen, die ausführlichen Anmerkungen ebenfalls zur Kenntnis zu nehmen, in denen die im Haupttext dargelegten Punkte vertieft und mit Verweisen belegt werden. Um die typographische Unruhe von Hyperlinks zu vermeiden, wurden die meisten Internetquellen lediglich mit Autor, Titel des Werks, Titel der Website und Datum angegeben; eine Online-Suche macht sie damit in Sekundenbruchteilen zugänglich. Der Abschnitt "Weiterführende Literatur" enthält eine ausführliche Bibliographie für diejenigen, die sich eingehender mit den zahlreichen auf diesen Seiten angesprochenen Themen befassen wollen.

Ich möchte mich beim Team von Sophia Institute Press bedanken, das mich ermutigt hat, diesen Traktat zu veröffentlichen, und ihn zügig durch den Produktionsprozess geschleust hat; bei mehreren Priestern und Laien, die sich die Zeit genommen haben, verschiedene Versionen des Textes zu lesen, und viele hilfreiche Vorschläge machten; und schließlich bei den vielen gläubigen Katholiken, die bereit sind, "den guten Kampf" für die Bewahrung und Weitergabe der katholischen Tradition zu kämpfen, komme was wolle. Wie unser traditioneller Gottesdienst, so sollte auch unser Gehorsam "im Geist und in der Wahrheit" verankert sein, mit festem Glauben, rechter Vernunft und einem reinen Gewissen.

Wahrer Gehorsam in der Kirche:
Ein Leitfaden in schwerer Zeit

Ein Freund erzählte mir einmal die Geschichte, wie er als Doktorand an der Harvard Divinity School vor die Fakultät trat, um sein Thema für seine Doktorarbeit vorzustellen: *Der Gehorsam Jesu im Johannesevangelium*. Es war einen Moment lang still, und dann sagte einer der Professoren, ein bekannter liberaler Theologe: "Das Thema ist inakzeptabel. Gehorsam ist die Wurzel allen Übels."

Dieser Professor war ein Deutscher, der die Schrecken des Nationalsozialismus miterlebt hatte, als Millionen von Bürgern die Stimme ihres Gewissens zum Schweigen brachten und einem wahnsinnigen Diktator in eine schreckliche Katastrophe folgten — im Namen des Gehorsams gegenüber Führer, Volk und Vaterland. Aus diesem Grund war die Haltung des Professors nachvollziehbar. Die gleiche Haltung ist heute in der katholischen Kirche nachvollziehbar, wenn die Aufdeckung der Korruption von Prälaten auf allen Ebenen

Wahrer Gehorsam in der Kirche

in Verbindung mit einem bestimmten Muster von Macht-
missbrauch die Gläubigen dazu veranlasst, nicht nur die Fi-
nanzierung, sondern auch moralische Zusammenarbeit und
intellektuelle Zustimmung zu verweigern. "Denen gehorchen?
Du machst doch Witze!" könnte zu einem gern genutzten
Kommentar werden.

Gehorsam hat häufig einen schlechten Ruf, weil Autorität
missbraucht und Vertrauen ausgenutzt und enttäuscht wird.
Im politischen Bereich ist Autorität nur allzu oft nicht auf das
Gemeinwohl des Volkes, sondern auf das private Wohl der
Politiker oder spezieller Interessengruppen ausgerichtet, ein
Phänomen, das in der amerikanischen Politik überhandgenom-
men hat. Ähnlich verhält es sich mit der Art und Weise, wie
manche Prälaten, religiöse Oberhäupter, aber auch Ehemänner
und Väter mehr zu ihrem eigenen Wohlbefinden, ihrer eigenen
Bequemlichkeit gehandelt haben als zum wahren Wohl derer,
für die sie verantwortlich sind. Der Aufstieg des Liberalismus
(einschließlich des Feminismus) ist zumindest teilweise eine
Reaktion auf reale Missstände, so wie auch der Protestantismus,
der Großvater des modernen Liberalismus, seinen Protest gegen
die spätmittelalterliche Christenheit mit deren erschreckender
moralischer Laxheit und ihren religiösen Missbräuchen recht-
fertigte. Wenn man all dies mit dem Faschismus und dem
Kommunismus des 20. Jahrhunderts in einen Zusammenhang
bringt, dann muss uns die Verallgemeinerung des Harvard-Pro-
fessors vielleicht nicht unbedingt überraschen, denn blinder
Gehorsam gegenüber denjenigen, die Macht über die Seelen
beanspruchen, kann etwas ganz Entsetzliches sein.

Gehorsam als eine höchste, von Christus vorgelebte Tugend

Aber wir müssen aufpassen, dass wir das Kind nicht mit dem Bade ausschütten. Die Aussage "Gehorsam ist die Wurzel allen Übels" ist Ausdruck der Grundhaltung der Moderne. Die so genannte Aufklärung entstand aus dem Wunsch, frei von Autoritäten zu sein, "selbst zu denken" und von niemandem abhängig—kurz gesagt, Gott der eigenen Welt zu sein. Immanuel Kant sagt in seinem kurzen Aufsatz "Was ist Aufklärung?",[1] dass der Mensch nur dann frei sein kann, wenn er von allen frei ist und es wagt, selbst, für sich selbst zu denken (*aude sapere*); solange er von anderen abhängig ist, bleibt er ein Knecht. Solche Gedanken entspringen demselben zerstörerischen Wahn, den der gefallene Mensch seit dem verhängnisvollen Ungehorsam Adams und Evas immer gehegt hat. Auch wenn sich Kants Position in das elegante Gewand von Königsberg kleidet, unterscheidet sie sich in keiner Weise von derjenigen der Schlange im Garten Eden.

Die Wahrheit ist eine ganz andere. Wie der heilige Thomas von Aquin in seinem wunderbaren Werk *Über die Vollkommenheit des geistlichen Lebens*[2] sagt, ist der Gehorsam die angemessene Antwort des Geschöpfes, das von Natur aus und aus Gnade ein Diener ist; es ist der Weg desjenigen, der weiß, dass er von anderen abhängig ist, wenn er sein Ziel erreichen möchte; der den Vorrang seines Schöpfers und Herrn versteht und auf die von der göttlichen Vorsehung festgelegte Ordnung vertraut. Indem der Mensch Gott und Seinen Stellvertretern auf Erden demütig gehorcht, hebt er die Illusion der Autonomie auf und tritt in die Freiheit der Kinder Gottes ein, die sich von Seinem Geist der Liebe leiten lassen und nicht von ihren eigenen Begierden, die so leicht fehlgeleitet werden können. In der Tat sagt Thomas, dass der Mensch sich nicht durch den Verzicht auf äußere Güter, nicht einmal durch den Verzicht auf familiäre Bindungen und die Ehe, sondern nur durch den Verzicht auf seinen eigenen Willen vollständig aufopfert. Das Vorbild für diesen befreienden Gehorsam ist unser Herr selbst, von dem der heilige Paulus sagt:

> Denn so sollt ihr gesinnt sein, wie auch Christus Jesus gesinnt war, welcher, da Er in Gottes Gestalt war, es nicht für einen Raub hielt, Gott gleich zu sein; sondern sich selbst entäußerte, indem Er Knechtsgestalt annahm, den Menschen gleich geworden und im Äußeren als ein Mensch erfunden ward. Er erniedrigte sich selbst, indem Er gehorsam ward bis zum Tode, ja, zum Tode am Kreuze. Darum hat Ihn auch Gott hoch erhoben, und Ihm einen Namen gegeben, der über alle Namen ist, auf dass in dem Namen Jesu sich jedes Knie beuge aller Wesen im Himmel, auf Erden und unter der Erde, und jede Zunge bekenne, dass Jesus Christus der Herr zum Preise Gottes, des Vaters ist. (Phil. 2:5-11)

Erstaunlicherweise hat sich der Sohn Gottes, der dem Vater und dem Heiligen Geist in deren einen göttlichen Natur gleichgestellt ist, dennoch den Demütigungen unseres gefallenen menschlichen Zustands unterworfen, als Er Seine Herrlichkeit verbarg, um die Gestalt und die Rolle eines Knechtes anzunehmen; und aus Gehorsam die erniedrigendste Folter und den Tod auf sich zu nehmen, um uns von unseren Sünden und von den Strafen, die unsere Sünden verdienen, zu erlösen; und Er ließ zu, dass all dies durch die Hand der religiösen und politischen Autoritäten Seiner Zeit geschah. Auf diese Weise hat Christus unsere Pflicht zur Unterordnung und zur Unterwerfung unter diejenigen, die von Gott über uns gestellt sind, auf sich genommen und vergöttlicht; und dafür wurde Er hoch erhoben.

Unser Herr Jesus Christus stellt uns den Königsweg des Gehorsams vor, der auch von den großen Heiligen immer wieder beschritten wurde: vom heiligen Paulus in seinen zahlreichen Briefen, vom heiligen Benedikt in seiner *Heiligen Regel*, von den Wüstenvätern und den Kirchenvätern, von Thomas von Kempen in der *Nachfolge Christi*, von den Karmelitinnen und Karmeliten wie der heiligen Teresa von Jesus und dem heiligen Johannes vom Kreuz; und die Liste ließe sich fortsetzen.[3] Darüber hinaus bieten uns die traditionellen liturgischen Riten des Ostens und des Westens ein vollkommenes Modell und eine Schule des Gehorsams, weil sie eine vollständige Ordnung des Gottesdienstes bis hin zu jedem einzelnen Gebet, Gesang und jeder Zeremonie vorgeben und von den Zelebranten und Messdienern verlangen, sich dieser Ordnung zu unterwerfen—sie so anzulegen, wie sie ihre Gewänder anlegen, und ihr so vollständig zu gehorchen, dass ihre Individualität verschwindet und der Primat Christi, des Ewigen Hohenpriesters, in den Vordergrund tritt. Der Herr benutzt seine geweihten Amtsträger als Seine lebendigen, vernunftbegabten Instrumente, so wie ein Komponist und ein Dirigent die Musiker eines Orchesters einsetzt, um die Schönheit einer vorher festgeschriebenen Partitur zur Geltung zu bringen.[4] Die traditionelle Liturgie veranschaulicht die Tugend des Gehorsams, indem sie den Priester den strengen und umfassenden Rubriken gehorchen lässt, die ihm keine Wahlmöglichkeiten, keinen Raum für spontane Improvisationen, keinen unbegrenzten Bewegungsspielraum lassen. Er erniedrigt sich, nimmt das Kreuz auf sich und folgt Christus nach Golgatha.

Die strenge Struktur des Gehorsams

Im direkten Anschluss an diese Ausführungen müssen wir uns jedoch mit jenem Problem auseinandersetzen, das der ältere Harvard-Professor mit unbequemer Überspitzung auf den Punkt gebracht hat. Es liegt auf der Hand, dass der Gehorsam eines bloßen Menschen gegenüber einer anderen Kreatur, die nur Mensch ist, nicht bedingungslos oder, wie es im allgemeinen Sprachgebrauch heißt, "blind" ist und auch niemals sein kann. Der Rest dieser Abhandlung wird sich also mit den Grenzen des Gehorsams befassen und damit, wann es gerechtfertigt ist, dem Befehl oder der Entscheidung eines Vorgesetzten innerhalb einer irdischen Hierarchie, einschließlich und insbesondere innerhalb der katholischen Kirche, nicht zu gehorchen.

Die strenge Struktur des Gehorsams

Wir müssen zunächst sehen, dass nicht der Gehorsam an erster Stelle steht, sondern die Wahrheit und die Liebe, und deshalb ist der richtig verstandene Gehorsam nicht blind. In der Ordnung des Seins steht an erster Stelle die Wahrheit und die Liebe zu dieser Wahrheit; und dann kommt der Gehorsam als die einzige angemessene Antwort auf die Wahrheit, die einzige angemessene Antwort des Willens auf die Wahrheit, die um ihrer selbst willen geliebt werden muss. Wer die Wahrheit wegnimmt, nimmt die Liebe weg; wer die Liebe wegnimmt, nimmt die Wurzel des Gehorsams weg.[5] Das Neue Testament fordert nachdrücklich den Gehorsam gegenüber den Geboten des Herrn, und zwar als Ausdruck der wahren Liebe.[6]

Innerhalb dieses christlichen Lebens legt Gott uns bestimmte Pflichten auf, die sich aus bestimmten Berufungen ergeben. Wenn ein Mann und eine Frau heiraten, akzeptieren sie die Pflichten ihres Standes im Leben; sie müssen alles tun, was Gott von ihnen als Eheleuten und Eltern verlangt. Das ist keineswegs einfach, aber es ist ein klares, konkretes Beispiel für gelebten Gehorsam, und die Erfahrung der Heiligen ist, dass dieser Gehorsam gegenüber der eigenen Berufung befreiend ist. Die Verpflichtungen ergeben sich aus der Natur des jeweiligen Lebensstandes: Die Verheirateten haben Verpflichtungen, die sich aus dem Naturrecht und dem göttlichen Recht ergeben und denen sie sich nicht einfach entziehen können. Das setzt zum Beispiel dem, was ein Ehemann von seiner Frau verlangen kann oder was Eltern von ihren Kindern verlangen können, gottgegebene Grenzen. Die

Wahrer Gehorsam in der Kirche

Beziehung zwischen Vorgesetzten und Untergebenen findet immer im Rahmen des geoffenbarten Willens Gottes statt, wie er von der Kirche autoritativ gelehrt wird.

Über unsere Standespflichten hinaus sind wir aufgerufen, jeder legitimen Autorität Gehorsam zu leisten, die von Gott stammt und zumindest indirekt in Seinem Namen ausgeübt wird. In der prägnanten Aussage, die sich (in leicht verändertem Wortlaut) in unzähligen verschiedenen katholischen Katechismen findet, die im Laufe der Jahrhunderte herausgegeben wurden, ist zu lesen: "Was gebietet das vierte Gebot? Die Eltern und die Vorgesetzten zu lieben, zu ehren und ihnen zu gehorchen.... Denn es gibt keine Macht außer von Gott, und jene, die über diese Macht verfügen, sind von Gott eingesetzt."[7] Es genügt zu sagen: Je näher man Jesus selbst und Seiner unbefleckten Braut, der katholischen Kirche, steht, desto absoluter ist der geschuldete Gehorsam; je weiter man sich von Jesus entfernt, desto bedingter und auf ein umsichtiges Urteil angewiesen ist der geschuldete Gehorsam. Es wird nie einen Fall geben, in dem die Ausübung der Klugheit überhaupt keine Rolle spielt, und sei es nur in dem Sinne, dass sie uns grünes Licht gibt, mit dem uns vorgeschlagenen Vorgehen fortzufahren.[8] Wir müssen zumindest darauf achten, dass die Klugheit nicht im offensichtlichen Widerspruch zu einem Gut steht, zu dem wir uns schon früher und definitiv verpflichtet haben.

Die Katholiken schulden ihren Oberen in der Kirche freien, intelligenten und gewissenhaften Gehorsam. Was ist damit gemeint? Damit Gehorsam geleistet werden kann, müssen zwei grundlegende Bedingungen immer vorhanden sein, entweder explizit oder implizit.

Erstens ist da das Vertrauen. Das Vertrauen beruht auf der Überzeugung, dass der Vorgesetzte uns mit christlicher Nächstenliebe liebt und unser Wohl will oder zumindest nicht unser Leiden oder unsere Zerstörung anstrebt.[9] Kleine Kinder haben dieses Vertrauen gegenüber ihren Eltern ganz von selbst, und in den meisten Fällen ist es durch die Zuneigung, die die Eltern für die Kinder empfinden, auch völlig gerechtfertigt. Deshalb ist Gehorsam, auch wenn er der gefallenen menschlichen Natur schwerfällt, in der Familie hinreichend natürlich und selbstverständlich genug. Aber wir wissen leider, dass in einer Missbrauchs-Familie, in der ein Kind sieht, dass ein Elternteil ihm tatsächlich Schaden zufügt oder dies zumindest versucht, das Vertrauen untergraben wird, womit eine wesentliche Voraussetzung für den Gehorsam des Kindes gegenüber dem Elternteil wegfällt.

An zweiter Stelle steht das, was man als rechtmäßige Unterordnung bezeichnen könnte. Das bedeutet zweierlei. Erstens bedeutet es, dass der Obere selbst einer höheren Autorität gehorsam ist. Der Obere muss sich Gott unterordnen: dem göttlichen Gesetz und dem Naturrecht. Aber er muss auch Gewohnheiten und Traditionen respektieren, insbesondere innerhalb der Kirche, wo diese Dinge Gesetzeskraft haben.[10]

Zweitens bedeutet es, dass der Untergebene dem Oberen nur in den Angelegenheiten untersteht, über die der Obere Ermessen oder Befehlsgewalt hat, und dass der Untergebene die Fähigkeit hat, zu erkennen, wenn der Obere die Grenzen seiner Position überschreitet oder überschreiten könnte.

Nur Gott, der überaus und unendlich gut ist, der die Liebe selbst ist, verdient absoluten und bedingungslosen Gehorsam, denn Er ist all unseres Vertrauens würdig; Er hat keinen, der über ihm steht, sondern Er ist vielmehr selbst die Quelle und das Vorbild und die Rechtschaffenheit aller Obrigkeiten, und Er will nie etwas anderes als unser Wohl.

Ein wesentlicher Aspekt des Vertrauens in einen Oberen ist die Zuversicht, dass er die Wahrheit sagt. Auch hier können wir normalerweise davon ausgehen, dass uns jemand die Wahrheit sagt, es sei denn, die Umstände deuten stark darauf hin, dass wir belogen oder manipuliert werden. Wenn wir den begründeten Verdacht haben, dass ein Oberer in irgendeiner Angelegenheit, die unser Seelenheil betrifft, lügt, dann ist eine gewisse Skepsis ihm gegenüber und gegenüber dem, was er fordert, gerechtfertigt.[11] Damit zusammenhängend sollten wir ein Grundvertrauen haben, dass der Obere seinerseits nicht von seinem eigenen Vorgesetzten oder von seinen Beratern belogen oder manipuliert wird. Auch hier gibt es keinen Grund zu der Annahme, dass das der Fall ist, aber es gibt auch Fälle, in denen klar ist, dass jemand schlecht oder falsch informiert wurde. Handlungen, die aus Unwahrheit hervorgehen, können entsetzlich zerstörerisch sein und sollten im Verhältnis zu dem Schaden, den sie verursachen oder zu verursachen drohen, bekämpft werden. Auch hier gilt wieder, dass allein Gott die vollkommene Wahrheit ist, Er kann nicht täuschen, und Er kann nicht getäuscht werden, was also aus dem Mund Gottes kommt, ist immer wahr und muss nie angezweifelt werden. Wenn Seine Vertreter Seine Wahrheit aussprechen oder wenn sie eine Entscheidung über etwas treffen, das ansonsten neutral ist, sollten wir sie ohne Bedenken oder Zögern hinnehmen. Wenn sie jedoch eine Entscheidung treffen, die im Widerspruch zu einer Wahrheit zu stehen scheint, die wir bereits durch die Vernunft oder den Glauben kennen, dann haben wir keine andere Wahl, als uns zu weigern, sie zu akzeptieren oder uns an sie zu halten.[12]

Der Gehorsam wird also nicht in einem Vakuum geleistet. Zwar ist ein Untergeber (als solcher) verpflichtet, einem Oberen (als solchem) zu gehorchen, doch hängt diese Verpflichtung vom Vorhandensein der vorgenannten Bedingungen ab. Zu diesen Punkten können wir die klaren Worte von Erzbischof Charles J. Chaput, O.F.M. Cap., zitieren:

> Christlicher Gehorsam ist niemals eine Form von unreflektierter Unterwürfigkeit. Nicht ohne Grund haben wir einen Verstand. Christlicher Gehorsam ist ein Akt der Liebe. Wenn der Gehorsam gegenüber der Autorität mechanisch und übertrieben wird, oder schlimmer noch, wenn er einem schlechten Zweck dient, dann zermürbt er den Geist. Jede echte Liebe – und insbesondere die Liebe, die einem gesunden Gehorsam zugrunde liegt – ist auf Wahrheit ausgerichtet....Mit dem Leben in der Kirche verhält es sich nicht anders. Wenn die Autorität sich selbst durch Korruption, Falschheit, Zweideutigkeit, Brutalität, Feigheit oder Misswirtschaft untergräbt,

verlangt die Treue zur Wahrheit von treuen Christen, dass sie ihr widerstehen und sie in Frage stellen.[13]

Die Hierarchie der Autoritäten

Wir müssen verstehen, dass Gehorsam schön ist, *weil er immer Gehorsam gegenüber GOTT ist, ob unmittelbar oder mittelbar.* Wenn ich zum Beispiel am Tag des Herrn Gott anbete, dann tue ich das aus direktem Gehorsam Ihm gegenüber, denn Er ist derjenige, der das göttliche Gesetz gegeben hat, dass wir einen Tag in der Woche für Seine Anbetung reservieren müssen. Wenn ich den Hirten der Kirche gehorche, indem ich am Sonntag bei der Messe assistiere, gehorche ich ebenfalls Gott, aber indirekt, denn die Hirten, die in Seinem Namen regieren, sind diejenigen, die diese besondere Bestimmung des Gebots festgelegt haben. In ähnlicher Weise gehorche ich der rechtmäßig eingesetzten bürgerlichen Autorität, weil sie ihre Autorität von Gott und nicht von den Menschen hat. Nach Papst Leo XIII. ist derjenige, dem wir immer gehorchen müssen — der einzige, dem wir letztlich gehorchen — Gott selbst. Es wäre mit der Menschenwürde nicht vereinbar, sagt er, dass ein Mensch sich einem anderen Menschen unterordnen muss, der ihm von Natur aus gleich ist, es sei denn, der Herrscher herrscht in Gottes Namen und in Seiner Vollmacht, denn dann geben wir unsere Zustimmung zu dem, was Gott durch die Vermittlung Seines Dieners will.[14]

Die Tragweite dieses Sachverhalts ist erschütternd. Man versteht sofort, warum man jedem Menschen, egal welche

Position er in der Kirche oder im Staat innehat, nur dann gehorchen soll, wenn das, was er befiehlt, mit dem Gesetz Gottes übereinstimmt oder ihm zumindest nicht offenkundig widerspricht. Steht ein bürgerliches oder kirchliches Gesetz im Widerspruch zum göttlichen Gesetz oder dem Naturgesetz (letzteres ist die Teilhabe des vernunftbegabten Geschöpfes am ewigen Gesetz des göttlichen Geistes), dann gilt der in der Apostelgeschichte prägnant formulierte Grundsatz: "Wir müssen Gott mehr gehorchen als den Menschen." Wenn man einen ernsthaften und begründeten *Zweifel* daran hat, dass das menschliche Gebot mit dem göttlichen oder dem Naturgesetz vereinbar ist, sollte man ihm nicht gehorchen. Etwas anderes zu fordern würde bedeuten: Wir müssten, wenn wir befürchten, eine Todsünde, ja selbst eine lässliche Sünde zu begehen, diesen Umstand ignorieren und es trotzdem tun, um unseren Vorgesetzten nicht zu beleidigen.

Der Gehorsam gegenüber allen außer Gott ist also nicht absolut und existiert nicht im luftleeren Raum. Er hat Bedingungen für seine Existenz, Ebenen, auf denen er wirkt, und Grenzen. Eine fundierte und nüchterne Analyse dieser Frage liefert der heilige Thomas von Aquin in seiner *Summa Theologiae*.[15] Nach Thomas gehört es zur göttlichen Ordnung, dass die Herrschaft nicht allein von Gott ausgeübt wird, dessen Wille immer mit der Weisheit übereinstimmt, sondern auch von Seinen Vertretern, deren Wille möglicherweise nicht immer richtig ist: "Es steht geschrieben (Apg 5,29): Wir sollen Gott mehr gehorchen als den Menschen. Manchmal aber ist das, was ein Vorgesetzter befiehlt, gegen Gott. Deshalb soll man den Vorgesetzten nicht in allen Dingen gehorchen."[16] Der heilige Thomas erklärt:

> Es gibt zwei Gründe, aus denen ein Untertan nicht verpflichtet sein kann, seinem Vorgesetzten in allen Dingen zu gehorchen. Erstens wegen des Befehls einer höheren Macht. Denn in einer Erläuterung zu Römer 13,2 – "Wer sich der Macht widersetzt, widersetzt sich der Ordnung Gottes" – wird Folgendes gesagt: "Wenn ein Beamter einen Befehl erlässt, soll man ihn befolgen, wenn er dem Befehl des Prokonsuls widerspricht? Und wenn der Prokonsul etwas befiehlt und der Kaiser etwas anderes, werdet ihr dann zögern, den ersten zu missachten und dem zweiten zu gehorchen? Wenn also der Kaiser eine Sache befiehlt und Gott eine andere, musst du dich über die erste hinwegsetzen und Gott gehorchen" (vgl. Augustinus, *De Verb. Dom.* viii). Zweitens ist ein Untertan nicht verpflichtet, seinem Vorgesetzten zu gehorchen, wenn dieser ihm etwas befiehlt, in welchem er ihm nicht unterworfen ist.[17]

Um das näherhin zu verdeutlichen, schreibt der Doctor Angelicus:

> Der Mensch ist Gott schlicht und einfach in allen Dingen, sowohl innerlich als auch äußerlich, unterworfen, weshalb er verpflichtet ist, Ihm in allen Dingen zu gehorchen. Dagegen sind die Untergebenen ihren Oberen nicht in allen Dingen unterworfen, sondern nur in *bestimmten* Dingen und auf eine besondere

Weise, in denen der Obere zwischen Gott und seinen Untergebenen steht, während der Untergebene in anderen Dingen unmittelbar unter Gott steht, von dem er entweder durch das natürliche oder durch das geschriebene Gesetz unterrichtet wird.[18]

Dementsprechend unterscheidet Thomas zwischen drei Arten des Gehorsams: dem für das Heil "hinreichenden", bei dem man in dem Ausmaß gehorcht, wie man muss; dem "vollkommenen", bei dem ein Ordensmann gelobt, jedem rechtmäßigen Befehl zu gehorchen, der ihm gegeben wird, egal wie lästig oder unangenehm er auch sein mag; und schließlich dem "unbesonnenen Gehorsam", bei dem man "auch in unrechtmäßigen Dingen gehorcht".[19] Um zu erklären, warum nicht jeder Ungehorsam eine Sünde ist, schreibt Thomas: "Obwohl der Mensch darauf achten sollte, jedem Vorgesetzten zu gehorchen, ist es doch eine größere Pflicht, einer höheren als einer niedrigeren Autorität zu gehorchen, wobei das Gebot einer niedrigeren Autorität außer Kraft gesetzt wird, wenn es dem Gebot einer höheren Autorität widerspricht."[20] Der große Thomist Leo XIII. schließt sich seinem Lehrmeister an, wenn er in seiner Enzyklika *Diuturnum Illud* sagt:

Auch gibt es keinen Grund, jene, die so handeln, wegen Verweigerung des Gehorsams anzuklagen; denn wenn der Wille der Staatsoberhäupter Gottes Willen und Gesetzen widerspricht, dann überschreiten sie ihre Machtbefugnis und verletzen die Gerechtigkeit; dann kann eben ihre Autorität keine Anwendung

Forderungen ...

Gott:
Ewiges
Gesetz

Absoluter Gehorsam
des Geschöpfs

Offenbartes
göttliches Gesetz
(einschließlich
liturgischer Weisung)

Absoluter Gehorsam des
Glaubens mit Hilfe der Vernunft

Naturgesetz:
Die Teilhabe des
vernunftbegabten Geschöpfs
am ewigen Gesetz

Absoluter Gehorsam der Vernunft, unterstützt durch
den Glauben

Menschlich-kirchliches Recht:
Kirchenhierarchie / Religiöse
Oberhäupter (von einer göttlich
eingesetzten Autorität gegeben)

Bedingter Gehorsam auf der
Grundlage von Vertrauen,
rechtmäßiger Unterordnung,
Bewahrung des kirchlichen
Gemeinwohls

Um verbindlich zu sein, muss
dieser und jeder der folgenden
Bereiche des Gesetzes mit den
darüber liegenden Bereichen im
Einklang stehen.

Das menschliche Bürgerliche Recht
(von einer göttlich eingesetzten Autorität gegeben)

Bedingter Gehorsam auf der Grundlage von Vertrauen, rechtmäßiger Unterordnung, Bewahrung des bürgerlichen Gemeinwohls

Von den Eltern aufgestellte Familienregeln
(von einer göttlich eingesetzten Autorität durch das Naturrecht gegeben; in vielfältiger Weise dem kirchlichen und bürgerlichen Recht unterworfen)

Bedingter Gehorsam auf der Grundlage von Vertrauen, rechtmäßiger Unterordnung, Bewahrung des Gemeinwohls der Familie

Regeln, Richtlinien, Normen, die von freiwilligen Vereinigungen (z. B. privaten Unternehmen, Vereinen, Gewerkschaften) erlassen werden. Dabei handelt es sich weniger um Gesetze als um vereinbarte Konventionen.

Freiwillige Zusammenarbeit auf der Grundlage eines Vertrags oder einer impliziten Vereinbarung finden, denn wo keine Gerechtigkeit, da keine Autorität. (Nr.15)

In seiner Enzyklika *Libertas Praestantissimum* unterstreicht Leo XIII. diesen Punkt noch einmal:

> Würde also irgendeine Obrigkeit etwas befehlen, das im Widerspruch stünde mit den Grundsätzen der gesunden Vernunft und dem Staate schädlich wäre, so hätte es keine Gesetzeskraft, weil es keine Regel der Gerechtigkeit wäre und die Menschen jenem Gute entfremden würde, wofür die bürgerliche Gesellschaft doch da ist. (Nr. 10)

Er spricht zwar von der "bürgerlichen Gesellschaft", doch das verkündete Prinzip gilt für das gesamte Spektrum sämtlicher menschlichen Gesellschaften. Hier müssen wir etwas tiefer graben, um zur Wurzel der Autorität selbst vorzudringen, die Leo XIII. zu Recht mit dem Gemeinwohl in Verbindung bringt.[21]

Der innere Zusammenhang zwischen Autorität und Gemeinwohl

Das Gut, das die Menschen miteinander verbindet, ist das *Gemein*wohl, also ein Gut, das vielen Menschen gleichzeitig zugute kommt, ohne dass es vermindert oder geteilt wird.[22] Private Güter werden aufgebraucht oder aus dem Verkehr gezogen, wenn sie in Besitz genommen werden. Wenn ein Kuchen in Stücke geteilt wird, kann jeder von uns (wenn wir

Glück haben) ein Stück bekommen, aber nur ich kann mein Stück essen und nur Sie das Ihre. Wenn ich ein Kleidungsstück trage, kann niemand sonst es gleichzeitig tragen. Obwohl Eigentum für einen gemeinnützigen und wohltätigen Zweck eingesetzt werden kann, ist es auch auf diese Weise begrenzt: Von Rechts wegen und in der Praxis steht es nicht allen gleichermaßen zur Verfügung, und es wird durch Gebrauch verringert oder abgenutzt. Ein Gemeinwohl, ein gemeinsames Gut im eigentlichen Sinn hingegen kann von vielen gleichzeitig genutzt werden und vervollkommnet sie alle. Der Frieden einer Familie und die gerechte Ordnung einer Gesellschaft sind solche Güter, denn je mehr ein solches Gut existiert, desto mehr haben wir alle daran teil, ohne dass es sich abnutzt. Die Wahrheit ist ein gemeinsames Gut: Wenn wir beide den Satz des Pythagoras kennen, besitzt jeder von uns ihn vollständig und ist durch ihn vervollkommnet; nun können wir ihn diskutieren und davon ausgehend weitere Entdeckungen machen. Aus diesen Gründen ist das Gemeinwohl besser als das Individualwohl, und zwar sogar für den Einzelnen besser als sein rein individuelles Wohl. Das ist wichtig, denn es bedeutet, dass es prinzipiell unvernünftig ist, das Individualwohl anstelle des Gemeinwohls zu wählen. Wenn Individualwohl und Gemeinwohl in Konflikt geraten, gebietet es die Vernunft, sich für das Gemeinwohl zu entscheiden.[23]

Im Gegensatz zum Individualwohl, also dem privaten Wohl der Individuen, die von Natur aus dazu neigen, ihr eigenes Wohl anzustreben, regelt sich das Gemeinwohl nicht von selbst; es bedarf einer Instanz, die sich um es kümmert,

die ausdrücklich in seinem Namen handelt und die Individuen im Hinblick auf seine Förderung und Verteidigung ko-
ordiniert. Dies ist die Geburtsstunde der Autorität: Sie wird
geboren, um dem gemeinsamen Wohl vieler zu dienen und es
zu fördern. Aus diesem Grund kann Autorität Menschen zu
einem bestimmten Verhalten verpflichten (oder umgekehrt
ein Verhalten verbieten): Die Autorität kann sozusagen das
Gemeinwohl zwischen den Einzelnen und sein geplantes
Vorgehen stellen und sagen: "Das kannst du nur tun, indem
du das Gemeinwohl mit Füßen trittst." Das macht die vorgeschlagene Handlung sofort unvernünftig, d.h. unmoralisch.
Und wenn die Autorität sagt: "Tu dies", dann hat sie das
Gemeinwohl als Hindernis zwischen das Individuum und
jegliche andere Handlungsweise außer der befohlenen gestellt,
so dass *nur noch diese eine* Handlungsweise vernünftig ist.

Hier kommen wir zum Kern der Frage. Die Macht einer
Autorität, moralisch zu binden, beruht auf dem Gemeinwohl.
Wenn also die Autorität ihr Amt offen gegen das Gemeinwohl einsetzt, dann hat dieser Befehl von Natur aus keine
moralisch bindende Kraft. Die Autorität kann nicht sagen:
"Wenn du das Gemeinwohl nicht mit Füßen trittst, wirst du
das Gemeinwohl mit Füßen treten." Mit anderen Worten:
Die Güter, die die Macht begründen, begrenzen sie zugleich,
so dass die Autorität weder jenseits dieser Güter noch gegen
sie handeln kann. Natürlich erfordert diese Argumentation
eine Unterscheidung zwischen "gegen das Gemeinwohl in
einer Weise, bei der vernünftige Menschen *anderer* Meinung
sein könnten" und "gegen das Gemeinwohl in einer Weise,

bei der vernünftige Menschen *nicht* anderer Meinung sein könnten". Die Tatsache, dass wir dem Präsidenten nicht gehorchen sollten, wenn er dem Militär befiehlt, die Vereinigten Staaten zu zerstören, bedeutet nicht, dass wir ihm nicht gehorchen können, wenn er dem Militär befiehlt, sich an einem Krieg zu beteiligen, von dem wir vermuten, dass er nicht gut ausgehen wird.[24]

Was also ist das gemeinsame Gut der Kirche, worin besteht ihr Gemeinwohl, das ihre Autorität begründet—eine Autorität, die in unterschiedlichem Maße von den einzelnen Mitgliedern der Hierarchie und in besonderer Weise vom obersten Pontifex ausgeübt wird? Das Gemeinwohl der Kirche ist das göttliche Leben Jesu Christi, ihres obersten Hauptes—die überreiche Gnade Seiner vergöttlichten Seele, die mit Seinen Gliedern durch die Erleuchtung des Verstandes aufgrund der Offenbarung und der Entflammung des Herzens durch die übernatürliche Liebe Seines Herzens geteilt wird—und die Vergöttlichung der Seelen durch das sakramentale Leben und das Gebet (vor allem durch den feierlichen, ordentlichen, öffentlichen Gottesdienst, den wir die heilige Liturgie nennen). Zu diesem gemeinsamen Gut gehört der Schatz aller Güter, die Gott uns geoffenbart hat, aller Güter, die Christus durch Sein kostbares Blut für uns erworben hat, und aller Güter, die der Vater und der Sohn gemeinsam durch die Herabkunft des Heiligen Geistes über die Kirche ausgegossen haben, und zwar nicht nur zu Pfingsten, sondern von da an während ihrer ganzen Geschichte bis zur Wiederkunft.

Die traditionelle Liturgie als wesentlicher Bestandteil des Gemeinwohls der Kirche

Insbesondere im Bereich der Liturgie dürfen wir die traditionellen Riten der Kirche nicht nur als menschliche Werke betrachten, sondern müssen sie als gemeinsame Werke Gottes und der Menschen sehen – der vom Heiligen Geist bewegten Kirche.[25] Unser Herr hat Seinen Jüngern versprochen: "Wenn aber jener kommt, der Geist der Wahrheit, so wird Er euch in alle Wahrheit einführen." (Joh. 16,13). Diese Verheißung schließt die Fülle der Liturgie ein. Wenn die Kirche wirklich vom Geist Gottes geleitet wird, darf man erwarten, dass ihr Gottesdienst in seinen großen Linien und akzeptierten Formen mit der Zeit reift und immer vollkommener wird. Dom Prosper Guéranger schwärmt:

> Die heilige Kirche ist der Ort, an dem dieser göttliche Geist wohnt. Er kam als ungestümer Wind auf sie herab und offenbarte sich ihr unter dem ausdrucksstarken Symbol der Feuerzungen. Seit jenem Pfingsttag hat Er in dieser Seiner geliebten Braut gewohnt. Er ist das Prinzip von allem, was in ihr ist. Er ist es, der ihre Gebete, ihre Sehnsüchte, ihre Lobgesänge, ihre Begeisterung und sogar ihre Trauer hervorbringt. Daher ist ihr Gebet ebenso beständig wie ihr Dasein. Tag und Nacht erklingt ihre Stimme süß im Ohr ihres göttlichen Bräutigams, und ihre Worte finden in Seinem Herzen immer Aufnahme....
>
> Die Seele, die Braut Christi, erfüllt von der Liebe zum Gebet, soll sich daher nicht fürchten, dass ihr

Durst von diesen reichen Strömen der Liturgie nicht gestillt werden kann, die bald ruhig wie ein kleiner Bach fließen, bald mit dem lauten Ungestüm eines Sturzbaches dahinrollen und bald zu mächtigen Meereswogen anschwellen. Lasst sie kommen und dieses klare Wasser trinken, das dem ewigen Leben entspringt, denn dieses Wasser fließt aus den Quellen ihres Erlösers selbst, und der Geist Gottes belebt es durch Seine Tugend und macht es süß und erfrischend für den lechzenden Hirsch....

Diese erneuernde Kraft des liturgischen Jahres, auf die wir unsere Leser aufmerksam machen wollen, ist ein Geheimnis des Heiligen Geistes, der unablässig *das Werk* belebt, *das Er der Kirche eingegeben hat, um es unter den Menschen aufzurichten,* damit sie auf diese Weise die Zeit heiligen, die ihnen zur Verehrung ihres Schöpfers gegeben ist.[26]

Ähnliches schrieb (praktisch zur selben Zeit) Guérangers englischer Zeitgenosse John Henry Newman:

Als der letzte Apostel zu seinem hohen Thron erhoben und der Mund der Eingebung für immer geschlossen war; als die Gläubigen jener gewöhnlichen Leitung überlassen wurden, die an die Stelle der besonderen Zeit der Wundertätigkeit treten sollte, da erhob sich vor ihren Augen in seiner normalen Gestalt und seinen vollen Proportionen jener majestätische Tempel, dessen Pläne von Anfang an von unserem Herrn selbst

inmitten Seiner auserwählten Jünger ausgefaltet worden
waren. Dann trat die Hierarchie in sichtbarer Herrlichkeit hervor und setzte sich auf ihre für sie bestimmten
Weiheplätze in der Versammlung der Gläubigen. Dann
folgten zu gegebener Zeit die heiligen periodischen Ver-
sammlungen [die Konzilien] und die feierlichen Riten
des Gottesdienstes und die Ehrung der heiligen Stätten
und die Ausschmückung der materiellen Strukturen;
eine Einrichtung nach der anderen, die den großen
Gedanken, welcher der Kirche seit dem Pfingsttag ver-
mittelt worden war, in Gestalt und Tat umsetzte.[27]

Wenn wir diese aufbauende und vervollkommnende Rolle
des Heiligen Geistes durch die Jahrhunderte hindurch ernst
nehmen, dann verstehen wir, warum sich das Tempo der liturgischen Veränderungen *verlangsamt*, während die liturgischen
Riten im Osten wie im Westen in ihrer Vollkommenheit zu-
nehmen, bis sie endlich eine gewisse Reife — eine Fülle an lehr-
haftem Ausdruck, symbolischer Sättigung und künstlerischer
Eindrücklichkeit — erreicht haben, nach der sie sich nur noch
gelegentlich oder in eher geringfügigem Maße weiterentwickeln.
Diese Tatsache — und es ist eine Tatsache — erklärt, warum Papst
Pius XII. die falsche Altertümelei verurteilt hat, indem er fest-
stellte, dass die ältesten Formen des kirchlichen Gebets nicht
als besser oder authentischer zu betrachten sind, da ja der
Heilige Geist an der ständigen Bereicherung und Erweiterung
der Liturgie stets mitgewirkt hat.[28] Wie die Geschichte zeigt,
verlagert sich das Wirken des Geistes allmählich von der In-
spiration völlig neuer Gebete zur Bewahrung und Heiligung der

bereits inspirierten Gebete, des bereits vertrauten, geliebten, normativen und an den Qualitäten der Offenbarung Gottes teilhabenden Gottesdienstes. Es war und ist nicht weniger ein Werk des Geistes, den Christen die Gnade zu schenken, ihr Erbe zu lieben und zu bewahren, als es ein Werk eben desselben Geistes war, dieses Erbe überhaupt allererst hervorzubringen. In der Pracht seiner monumentalen Unveränderlichkeit scheint der zur Vollendung gelangte kirchliche Gottesdienst nicht nur von unseren Vorfahren, sondern vom himmlischen Hof selbst auf uns herabzukommen.

In einer besonderen Stellungnahme zur Messe wandte sich der Bischof von Skopje (Mazedonien), Smiljan Franjo Čekada, auf dem Zweiten Vatikanischen Konzil kurz und bündig an seine Konzilskollegen:

> Die Liturgie der Messe, in der das Leiden und Sterben des Herrn für uns vergegenwärtigt wird, hat im Laufe der Jahrhunderte ihre heutige Gestalt angenommen. Sie hat sich spontan und organisch, allmählich und nach und nach—gewiss unter dem Einfluss des Heiligen Geistes, der in der Kirche immer gegenwärtig ist—von ihrem ursprünglichen Kern bis zum heutigen Ritus entwickelt, der voller Harmonie und Schönheit ist und in Zeichen und Worten auszudrücken vermag, was er enthält und bedeutet.[29]

Als Bekräftigung von Bischof Čekada können wir die brillanten Worte des großen Pater Nicholas Gihr zitieren, die er Ende des 19. Jahrhunderts schrieb:

Wahrer Gehorsam in der Kirche

Im eucharistischen Opfer besitzt die katholische Kirche die Sonne ihres Gottesdienstes, sowie das Herz
ihres Gnaden- und Tugendlebens, ihr höchstes Gut,
ihren größten Reichtum und ihren kostbarsten Schatz:
darum hat sie von jeher alle Mühe und Sorgfalt ange-
wendet, dieses hehrste und erhabenste Geheimnis des
Glaubens möglichst würdig zu feiern. Christus selber
hat nur den wesentlichen Opferakt eingesetzt und an-
geordnet: die liturgische Entfaltung, Darstellung und
Einkleidung der ebenso einfachen als wirksamen Op-
ferhandlung hat Er Seiner vom Heiligen Geiste erleuchteten Kirche überlassen. Der erhabene und erhebende
Opferritus, den die Kirche geschaffen, ist nicht ein rein
menschliches Produkt, sondern ein mit göttlicher Hilfe
zustande gekommenes Kunst- und Meisterwerk—ein
heiliger Bau, so schön, so harmonisch, so wunderbar,
so vollendet im Ganzen wie im Einzelnen, dass die
unsichtbare Hand der himmlischen Weisheit, welche
bei dessen Aufführung und Ausführung leitend ein-
gegriffen hat, nicht verkannt werden kann, aber auch
nicht außer Acht gelassen werden darf.[30]

Speziell über den römischen Kanon schreibt Pater Gihr:

Durch Ursprung, Alter und Gebrauch ist der Kanon
ein ehrwürdiges und unverletzliches Heiligtum. Ist je
ein Gebet der Kirche unter besonderem Einfluss des
Heiligen Geistes zustande gekommen, dann trifft es
sicherlich zu beim Opfergebet des Kanon.[31]

Da all dies wahr ist—und es ist die einzige Art und Weise, wie Katholiken vor etwa der Mitte des 20. Jahrhunderts über ihre Liturgie nachgedacht haben -, folgt daraus, dass der traditionelle liturgische Gottesdienst der Kirche, ihre *lex orandi*, ihr Gesetz des Betens, ein grundlegender, normativer und unveränderlicher Ausdruck ihrer *lex credendi*, ihres Glaubensgesetzes ist, dem nicht widersprochen werden kann, das nicht abgeschafft oder stark umgeschrieben werden kann, ohne die vom Geist geleitete Kontinuität der katholischen Kirche als Ganze zu verwerfen.[32] Massimo Viglione verdeutlicht diesen Punkt:

> Die *lex orandi* der Kirche ist durchaus kein "Gebot" des positiven Rechts, das von einem Parlament beschlossen oder von einem Souverän verordnet wurde und das jederzeit zurückgenommen, geändert, ersetzt, verbessert oder verschlechtert werden kann. Die *lex orandi* der Kirche ist auch nicht ein spezifisches und bestimmtes "Ding" in Zeit und Raum, sondern die Gesamtheit der theologischen und spirituellen Normen und der liturgischen und pastoralen Praktiken der gesamten Geschichte der Kirche, von der Zeit des Evangeliums—und insbesondere von Pfingsten—bis heute. Obwohl sie offensichtlich in der Gegenwart lebt, ist sie in der gesamten Vergangenheit der Kirche verwurzelt. Es geht hier also nicht um etwas ausschließlich Menschliches, das der jeweilige Boss nach Belieben ändern kann. Die *lex orandi* umfasst die gesamten zwanzig Jahrhunderte der Kirchengeschichte, und es

gibt keinen Menschen, keine Gruppe von Menschen
auf der Welt, die dieses zwanzig Jahrhunderte alte
Depositum ändern könnte. Es gibt keinen Papst, kein
Konzil und kein Episkopat, die das Evangelium, das
Depositum Fidei oder das universale Lehramt der Kirche
ändern können. Auch die Liturgie aller Zeiten kann
nicht [entscheidend] verändert werden.[33]

Dass das Festhalten am alten Ritus eine Frage der Senti-
mentalität oder der Ästhetik ist, weist Bischof Vitus Huonder
entschieden zurück; er konzentriert sich vielmehr ganz auf
den Bekenntnisgehalt:

> Der Ritus, so wie wir ihn haben, ist auch ein Glaubens-
> bekenntnis; und ein Glaubensbekenntnis kann man
> nicht einfach so weglegen. Was würde jemand sagen,
> wenn ich als Bischof verbieten würde, das apostolische
> Glaubensbekenntnis zu beten? Was würden mir diese
> Personen sagen? Sie würden mir sagen: Was fällt Ihnen
> ein, das geht doch nicht! Wir dürfen nicht vergessen,
> dass der überlieferte Ritus auch ein Glaubensbekennt-
> nis ist, vor allem, weil er dieses Alter und diese Reife
> hat. Man kann von den Menschen nicht verlangen,
> dass sie dieses Glaubensbekenntnis weglegen![34]

Die Kirchengeschichte bezeugt, dass sich die Messe immer
wieder als ein solches Glaubensbekenntnis erwiesen hat,
vor allem durch die Handlungen derer, die diesen Glauben
zu untergraben suchen. Die katholische Enzyklopädie ist in
diesem Punkt ganz klar:

Dass die Messe …das zentrale Merkmal der katholischen Religion ist, bedarf kaum der Erwähnung. Während der Reformation und zu allen Zeiten war die Messe der Prüfstein. Das Wort der Reformatoren: "Es ist die Messe, auf die es ankommt", traf voll und ganz zu. Die Aufständischen in Cornwall erhoben sich 1549 gegen die neue Religion und brachten ihr Anliegen in der Forderung zum Ausdruck, den Abendmahlsgottesdienst des Gebetbuchs abzuschaffen und die alte Messe wieder einzuführen. Die anhaltende Verfolgung der Katholiken in England nahm in der Praxis die Form von Gesetzen an, die sich vor allem gegen das Abhalten der Messe richteten; jahrhundertelang war der englische Thronfolger gezwungen, seinen Protestantismus zu bekunden, und zwar nicht durch eine allgemeine Leugnung des gesamten Systems der katholischen Lehre, sondern durch eine ausdrückliche Ablehnung der Lehre von der Transsubstantiation und der Messe. So wie die Einheit mit Rom das Band zwischen den Katholiken ist, so ist unsere gemeinsame Teilnahme an diesem ehrwürdigsten Ritus der Christenheit das Zeugnis und der Schutz dieses Bandes.[35]

Aus genau diesem Grund haben nur zwei Gruppen von Katholiken (oder besser gesagt, ehemaligen Katholiken) die traditionelle *lex orandi* jemals in Frage gestellt: die Protestanten, die sie ablehnten, weil sie offen mit der *lex credendi*, die sie zum Ausdruck brachte, nicht übereinstimmten; und die

Wahrer Gehorsam in der Kirche

Modernisten, die glaubten, dass die *lex credendi* sich ständig selbst weiterentwickelt und weiterentwickelt werden muss, und dass daher die *lex orandi* veränderbar und formbar sein muss, um mit ihr Schritt zu halten. Das lässt sich noch konkreter fassen: Sowohl Protestanten als auch Modernisten betrachten die nachkonstantinische Geschichte der katholischen Kirche als eine fortschreitende Verfinsterung und einen Rückfall ins Heidentum, eine Abweichung von der makellosen, einfachen, authentischen Frühlingszeit der frühen Christen, die sich in den Häusern trafen, um "das Brot zu brechen" und ihrer Erinnerung an den wundertätigen Zimmermann aus Nazareth Jesus nachzuhängen. Nach dieser Auffassung erreichte die Abweichung ihren Tiefpunkt im Mittelalter, das dann einen abergläubischen Kult auf die folgenden Jahrhunderte übertrug, der in der höfischen klerikalistischen Verdummungsshow gipfelte, die als Tridentinische Messe bezeichnet wird. Der Feueratem des Pfingstgeistes ließ dieses Paradigma dahinschmelzen und ersetzte es durch Gottesdienstformen, die mehr mit dem lebendigen Glauben der Christen übereinstimmen: zuerst in der Reformation; dann, viel später, in der Zeit des Zweiten Vatikanischen Konzils und den weitreichenden Reformen, die es einleitete.

Es gibt praktisch kein einziges Standardwerk über Liturgie aus der Zeit von etwa 1965 bis etwa 2005, in dem nicht eine Variante dieser Sichtweise zum Ausdruck kommt, mit einem unterschiedlichen Ausmaß an Spott für die Vergangenheit und einem unterschiedlichen Ausmaß an Zuversicht für eine glorreiche Zukunft des volkssprachlichen, zugänglichen, die

Laien einbeziehenden Gottesdienstes. Es handelte sich einfach um die unhinterfragte Selbstkritik der Kirche durch
ihre selbsternannten Experten. Man übertreibt nicht, wenn
man sagt, dass die Liturgiereform unter Paul VI. auf einem
protestantischen Verständnis von Kirchengeschichte und
Liturgie beruhte. Diese Einstellung zu akzeptieren, bedeutet,
mehr oder weniger eine Vision des Katholizismus als einer
Geschichte des Obskurantismus, der Mystifizierung, des ritu-
ellen Klerikalismus und des systematischen Ausschlusses der
Gläubigen von den Freiheiten des Evangeliums zu akzeptieren – mit einem Wort, eine Geschichte der Korruption, die
unmöglich eine Frucht des Heiligen Geistes sein kann. Diejenigen, die den traditionellen Gottesdienst unterstützen, sind
dementsprechend Obskurantisten, Mystifizierer, Ritualisten,
Klerikalisten und elitäre Pharisäer, die sich des Widerspruchs
gegen den Heiligen Geist schuldig gemacht haben.[36]

Der Papst, der sich gegen das Gemeinwohl stellt

Und ich fürchte, das ist genau der Standpunkt, der hinter
dem Motu proprio *Traditionis Custodes* und all jenen steht,
die es unterstützen. Es ist ein zutiefst unkatholischer, ja anti-
katholischer Standpunkt. Da die Liturgie wirklich "die Quelle
und der Höhepunkt des christlichen Lebens" ist, die Heimat
der göttlichen Offenbarung und das wichtigste Mittel für
unsere Verwandlung in Christus, so folgt daraus, dass die
Abschaffung oder das Verbot des ehrwürdigen Römischen
Ritus, der jahrhundertelang demütig empfangen, dankbar

geliebt und überschwänglich gelobt wurde, der infamste und
schädlichste Angriff auf das Gemeinwohl ist, der möglich
und vorstellbar ist. Wenn dies nicht die Art von Gut ist, das
die Autorität der Kirche schützen soll, dann muss man sich
wohl fragen, welche Güter überhaupt in Frage kämen. Eine
Erklärung der Piusbruderschaft stellt dies richtig dar:

> Die traditionelle Messe ist wesentlicher Bestandteil
> des Gemeinwohls der Kirche. Sie einzuschränken,
> sie in Ghettos zu verbannen und schließlich ihr Ver-
> schwinden zu planen, ist illegitim. Ein solches Gesetz
> kann kein Gesetz der Kirche sein, weil es, wie der
> heilige Thomas sagt, kein gültiges Gesetz gegen das
> Gemeinwohl gibt.[37]

Die katholische Tradition bekennt sich zur feierlichen
Verpflichtung des Papstes gegenüber der uralten liturgischen
Praxis der Kirche.[38] Gemäß dem berühmten päpstlichen Eid
des *Liber Diurnus Romanorum Pontificum*, einem Handbuch
mit Formeln, das von der päpstlichen Kanzlei Ende des 1.
Jahrtausends verwendet wurde, muss der Papst schwören:
"Ich werde die Disziplin und den Ritus der Kirche unver-
letzt bewahren, so wie ich sie vorgefunden und von meinen
Vorgängern überliefert bekommen habe."[39] In einem seiner
approbierten Texte stellt das Konzil von Konstanz fest: "Da
der römische Papst eine so große Macht unter den Menschen
ausübt, ist es richtig, dass er umso stärker an die unumstöß-
lichen Bande des Glaubens und an die Riten gebunden ist,
die bei den Sakramenten der Kirche zu beachten sind."

Von den vielen theologischen Autoritäten, die man anführen könnte, soll es genügen, Francisco Suárez, S.J. (1548-1617) zu nennen:

> Wenn der Papst eine Anordnung trifft, die gegen die guten Sitten verstößt, muss man ihm nicht gehorchen; wenn er versucht, etwas zu tun, was offensichtlich der Gerechtigkeit und dem Gemeinwohl zuwiderläuft, ist es erlaubt, ihm zu widerstehen; wenn er mit Gewalt angreift, kann man ihn mit der für eine gute Verteidigung charakteristischen Mäßigung auch mit Gewalt abwehren.[40]

Suárez erklärt außerdem, dass der Papst schismatisch sein könnte, "wenn er alle kirchlichen Zeremonien, die auf der apostolischen Tradition beruhen, umstoßen wollte".[41] Das impliziert offenbar, dass es für uns immer legitim ist, an dem festzuhalten, was die Kirche feierlich gelehrt und praktiziert hat. Schon im 4. Jahrhundert konnte der heilige Athanasius der Große zu den Gläubigen sagen: "Denn unsere Vorschriften *und unsere Formen* sind den Kirchen nicht in unserer Zeit gegeben worden, sondern sie sind uns von unseren Vorfahren weise und zuverlässig überliefert worden."[42] Wir sollten skeptisch gegenüber Neuerungen sein, die bestimmte Kirchenmänner der Tradition hinzufügen oder an ihre Stelle setzen wollen, und wir sollten bereit sein, Widerstand zu leisten, wenn versucht wird, die Tradition zu beseitigen, die selbstverständlich ein wesentlicher und konstitutiver Bestandteil des Gemeinwohls der Kirche ist.[43] Mit den Worten des fiktiven

Wahrer Gehorsam in der Kirche

Bischofs Edmund Forster in P. Bryan Houghtons klassischem Werk *Mitre & Crook*: "Man stelle sich vor, man müsste die [Tridentinische] Messe mit juristischen Spitzfindigkeiten verteidigen. Was für ein Blödsinn! Sie steht *mole sua*, durch ihr eigenes gewaltiges Gewicht. Es ist die Messe."[44] Martin Mosebach formuliert messerscharf:

> Benedikt hat nämlich die "Alte Messe" nicht "erlaubt", er hat kein Privileg gewährt, sie zu zelebrieren, er hat kurzum keine disziplinarische Maßnahme getroffen, die ein Nachfolger wieder zurücknehmen könnte. Das Neue und Überraschende seines Gesetzgebungsaktes war vielmehr, dass die Zelebration der alten Messe keinerlei Genehmigung bedürfe. Sie sei niemals verboten gewesen—weil sie gar nicht verboten werden könne. Hier, so darf man schließen, liegt eine unüberwindliche Grenze für die Vollmacht eines Papstes. Die Tradition steht über dem Papst, besonders die tief im ersten christlichen Jahrtausend wurzelnde alte Messe ist der Verbotsgewalt eines Papstes grundsätzlich entzogen.[45]

Auf seine behutsame Art vertritt Kardinal Sarah in seinem Kommentar zu den berühmten Worten von Benedikt XVI. die gleiche Meinung:

> Was der Kirche also heilig ist, ist die ununterbrochene Kette, die sie mit Gewissheit mit Jesus verbindet. Eine Kette des Glaubens ohne Brüche und Widersprüche, eine Kette des Gebets und der Liturgie ohne Brüche oder Ablehnung. Welche Glaubwürdigkeit könnte

die Kirche ohne diese radikale Kontinuität noch beanspruchen? In ihr gibt es keinen Rückfall, sondern eine organische und kontinuierliche Entwicklung, die wir als lebendige Tradition bezeichnen. Das Heilige kann nicht verfügt werden, es wird von Gott empfangen und weitergegeben.

Das ist zweifellos der Grund für das, was Benedikt XVI. verbindlich feststellen konnte: "In der Liturgiegeschichte gibt es Wachstum und Fortschritt, aber keinen Bruch. Was früheren Generationen heilig war, bleibt auch uns heilig und groß; es kann nicht plötzlich rundum verboten oder gar schädlich sein. Es tut uns allen gut, die Reichtümer zu wahren, die im Glauben und Beten der Kirche gewachsen sind, und ihnen ihren rechten Ort zu geben."[46]

Der Widerspruch von Franziskus zu seinem Vorgänger in diesem Punkt ist offensichtlich, denn die grundlegende Botschaft von *Traditionis Custodes* lautet: "Was früheren Generationen heilig war, bleibt nicht auch für uns heilig und groß, und es kann plötzlich rundum verboten und als schädlich angesehen werden. Es tut uns allen durchaus nicht gut, die Reichtümer, die sich im Glauben und im Gebet der Kirche entwickelt haben, zu bewahren oder ihnen überhaupt einen Platz einzuräumen."[47] José Antonio Ureta erklärt, dass unsere Weigerung, dem Motu proprio von Papst Franziskus Folge zu leisten, "nicht darin besteht, die päpstliche Autorität in Frage zu stellen, vor der unsere Liebe und Ehrfurcht wachsen muss. Es ist die Liebe zum Papsttum als solchem, die zur Anprangerung von *Traditionis Custodes* führen muss, das diktatorisch versucht, den ältesten und ehrwürdigsten Ritus des katholischen Gottesdienstes zu beseitigen, von dem zu trinken alle Gläubigen das Recht haben."[48]

Man beachte, dass Suárez von "allen kirchlichen Zeremonien, die auf der apostolischen Tradition beruhen"—*apostolica traditione firmatas*—spricht: Er thematisiert die gesamte Struktur, die auf apostolische Ursprünge zurückgeht. Das würde so etwas wie das *Missale Romanum* von 1570 bedeuten, das der heilige Pius V. als "reine Liturgie ... in Übereinstimmung mit den Riten und Gebräuchen der römischen Kirche" definierte und das er als ein Banner über das Chaos der Reformation erhob.[49] Entgegen der oberflächlichen Haltung einiger katholischer Apologeten ist die Apostolische Konstitution *Quo Primum* des heiligen Pius V. nicht "nur ein disziplinäres Dokument", das von seinen Nachfolgern ohne Weiteres außer Kraft gesetzt oder widerlegt werden kann. Da die Liturgie selbst Fragen des Glaubens und der Moral betrifft, ist *Quo Primum* als ein Dokument *de rebus fidei et morum* zu betrachten, und daher kann sein wesentlicher Inhalt nicht von einem späteren Papst aufgehoben werden—ein Status, der durch die beredte Geste seiner Nachfolger anerkannt wurde, die, wenn sie neue Ausgaben des Römischen Messbuchs verkündeten, stets darauf achteten, ihnen *Quo Primum* voranzustellen, um zu zeigen, dass sie das, was Pius V. kodifiziert und kanonisiert hatte, akzeptierten und übernahmen.[50] Der Papst hat nicht bewirkt, dass die Messe durch die Veröffentlichung von *Quo Primum* unantastbar wurde, sondern *Quo Primum* wurde durch die

Messe unantastbar. Diese Apostolische Konstitution konnte nur als angemessene Aufrechterhaltung einer bestehenden, bereits unantastbaren traditionellen Messe promulgiert werden und kann auch nur so verstanden werden. Daher bleibt das Zeugnis von *Quo Primum* für die immerwährende *lex orandi* und *lex credendi* der Kirche von Rom in Kraft und garantiert das immerwährende Recht der tridentinischen Messe sowie das Recht des lateinischen Klerus, sie zu feiern:

> Dass sie [die Priester] in allen Kirchen bei der gesungenen oder gelesenen Messe ohne Gewissensskrupel oder Furcht vor irgendwelchen Strafen, Urteilen und Rügen von nun an ausschließlich diesem Missale folgen, es unbefangen und rechtens zu gebrauchen imstande und ermächtigt sind, dazu geben Wir kraft Unserer Apostolischen Vollmacht für jetzt und für ewig Unsere Bewilligung und Erlaubnis. Ebenso setzen Wir fest und erklären: Kein Vorsteher, Verwalter, Kanoniker, Kaplan oder anderer Weltpriester und kein Mönch gleich welchen Ordens darf angehalten werden, die Messe anders als wie von Uns festgesetzt zu feiern. Ebenso setzen wir fest und erklären ..., dass dieses vorliegende Schreiben niemals je widerrufen oder modifiziert werden kann, sondern es bleibt für immer im vollen Umfang rechtskräftig bestehen.... Wenn aber jemand sich herausnehmen sollte, einen solchen Akt zu begehen [d.h. *Quo Primum* anzutasten], so soll er wissen, dass er den Zorn des Allmächtigen Gottes und Seiner Heiligen Apostel Petrus und Paulus auf sich ziehen wird.[51]

Wahrer Gehorsam in der Kirche

Mir ist durchaus klar, dass es im Zusammenhang mit *Quo Primum* komplexe Fragen gibt. Es umfasst disziplinäre Aspekte, ist also nicht einfach eine Erklärung zu Glaubens- und Moralfragen; aber es ist auch nicht einfach ein Verwaltungsdekret, das umgestoßen oder komplett aufgehoben werden kann: Seine Tragweite geht weit darüber hinaus. *Quo Primum* definiert das Messbuch von 1570 für den römischen Ritus als das Monument der Tradition schlechthin, als den maßgeblichen Ausdruck der *lex orandi* der römischen Kirche. Es ist die Messe der Kirchenväter des Westens. Als solches kann es in der katholischen Kirche niemals für illegitim erklärt werden oder einer massiven Überarbeitung bedürfen. Wenn Pius V. das Missale lediglich "an die Bedürfnisse seiner Zeit angepasst" hätte (wie unsinnigerweise behauptet wurde), warum sollte er dann überhaupt auf die Idee kommen, die Verwendung seines Missales dauerhaft zu legalisieren und den Zorn der Apostel auf diejenigen herabzurufen, die dagegen verstoßen würden? Offensichtlich war er fest davon überzeugt, dass dies der Kern der römischen liturgischen Tradition war, den keine irdische Macht rückgängig machen konnte.[52]

Alle vorangegangenen Punkte lassen sich in einem Syllogismus zusammenfassen: Das Tridentinische Glaubensbekenntnis bezeichnet als wesentliches Merkmal der Katholizität das Anerkennen und Billigen der "empfangenen und gutgeheißenen Riten der Katholischen Kirche bei der feierlichen Spendung aller Sakramente" (d.h. der traditionellen Riten).[53] *Quo Primum* bezeichnet das *Missale Romanum* von 1570 als den traditionellen Ritus der Messe—dies, und nicht ein bloßes positives Gesetz, ist die Grundlage für seine fortdauernde Gültigkeit. Daher ist die Einhaltung der Liturgie, die in diesem Missale Romanum kodifiziert und kanonisiert ist, für die Katholizität im Bereich der Kirche des lateinischen Ritus wesentlich: Sie ist das, was einen Menschen zu einem römisch-katholischen Menschen macht. Daraus folgt: Die Ablehnung der traditionellen Riten als maßgebliches Kriterium und die Verwendung eines nicht-traditionellen Messbuchs macht einen Menschen zu ... etwas anderem!

Ich gehe davon aus, dass der Leser bereits verstanden hat, dass der klassische Römische Ritus und der moderne Ritus Pauls VI. *zwei unterschiedliche liturgische Riten* sind — so unterschiedlich in ihrem Inhalt, welcher Texte, Musik, Rubriken, Zeremonien und liturgische Geräte umfasst, dass der letztere beim besten Willen nicht als bloße "Revision" oder "neue Version" des ersteren angesehen werden kann.[54] Papst Paul VI. erkannte den Bruch implizit an, indem er als erster Papst seit 400 Jahren die Bulle *Quo Primum* von Pius V. aufhob und sie durch eine Konstitution mit dem Spottnamen *Missale Romanum* ersetzte. Wie um die Bedeutung von Montinis Geste zu unterstreichen, hat Papst Franziskus im Anschluss an *Traditionis Custodes* zweimal erklärt, dass die derzeitige Situation in der Kirche von Rom einem *Biritualismus* gleichkommt (obwohl es vielleicht angemessener wäre, das Wort "Bipolarität" zu verwenden).[55] Dieser Punkt ist wichtig: Wir haben es nicht nur mit einer weiteren, geringfügig überarbeiteten Version desselben Messbuchs zu tun, sondern mit einem echten Bruch, so dass es *zwei* "Römische Riten" mit widersprüchlichen und konkurrierenden Ursachen, Prinzipien, Elementen und Erscheinungsformen gibt—eine beispiellose, unfassbare Situation und die Wurzel all unserer gegenwärtigen liturgischen Missstände.[56]

Der sensus fidelium und der Widerstand eines katholischen Gewissens

Ich habe bereits erwähnt, dass wir einer kirchlichen Autorität keinen Gehorsam schulden, wenn sie gegen das Gemeinwohl der Kirche handelt. Es ist wichtig, darauf hinzuweisen, dass katholische Theologen einhellig die Meinung vertreten, dass dies durchaus möglich ist—eine kirchliche Autorität kann tatsächlich *gegen das Gemeinwohl* handeln—und, was noch wichtiger ist, dass gewöhnliche Katholiken in der Lage sind zu erkennen, wann dies der Fall ist. Wenn wir das nicht könnten, wären wir nicht in der Lage, auf moralische oder intellektuelle Abweichungen seitens unserer Hirten und Lehrer zu reagieren. Wenn die Gläubigen diese Fähigkeit zur Unterscheidung nicht hätten, dann wäre übrigens ein Großteil der Kirchengeschichte unverständlich. Nehmen wir die hartnäckige und öffentliche Weigerung vieler Katholiken in England, an Erzbischof Cranmers neuem, protestantisiertem Messritus teilzunehmen,[57] selbst wenn sie von Geistlichen dazu ermutigt wurden, die die Strategie des Kompromisses mit den häretischen Kräften bevorzugten, die dort im 16. Jahrhundert an die Macht kamen. Selbst um den Preis von Unannehmlichkeiten, Schikanen, Bußgeldern und noch schlimmeren Strafen weigerten sich gläubige englische Katholiken, an dem teilzunehmen, was dann erst später als anglikanischer Ritus bezeichnet wurde—und das lange bevor irgendeine Direktive aus Rom bestätigte, dass der neue Gottesdienst "die Ausgeburt von Spaltung, das Abzeichen des Hasses gegen die Kirche" und "eine schwere Sünde" sei.[58]

Eine nützliche Darstellung der traditionellen Sicht des *sensus fidelium*—der Fähigkeit der getauften Glieder der Kirche, die Wahrheit Christi zu erkennen, wenn sie von ihr richtig ausgebildet wurden und sich bemühen, nach ihr zu leben—findet sich in einem Dokument aus dem Jahr 2014, das von der Internationalen Theologischen Kommission [ITK] des Vatikan erstellt wurde. Obwohl dieses Dokument nicht lehramtlich ist, gibt es den Konsens der Theologen aller Zeiten zutreffend wieder:

> "Liebe Brüder, traut nicht jedem Geist, sondern prüft die Geister, ob sie aus Gott sind; denn viele falsche Propheten sind in die Welt hinausgezogen." (1. Joh. 4, 1) Der *Sensus fidei fidelis* überträgt den Gläubigen die Fähigkeit, zu unterscheiden, ob eine Lehre oder Praxis mit dem wahren Glauben, nach welchem sie bereits leben, übereinstimmt oder nicht.... Der *Sensus fidei fidelis* befähigt einzelne Gläubige auch, jede Disharmonie, jede Inkohärenz oder jeden Widerspruch zwischen einer Lehre oder Praxis und dem authentischen christlichen Glauben, nach dem sie leben, wahrzunehmen. Sie reagieren wie ein Musikliebhaber

gegenüber falschen Noten bei der Darbietung eines
Stückes. In solchen Fällen wehren sich die Gläubigen innerlich gegen die entsprechende Lehre oder
Praxis und nehmen sie nicht an oder haben nicht
an ihnen teil. [In den Worten des heiligen Thomas:]
"Der *Habitus* des Glaubens besitzt eine Fähigkeit,
dank derer der Gläubige davon abgehalten wird, dem
zuzustimmen, was dem Glauben entgegensteht, so wie
die Keuschheit vor allem schützt, was im Gegensatz
zu ihr steht."[59]

Das Dokument der ITK fährt—bemerkenswert für unsere
heutige Zeit—folgendermaßen fort:

Gewarnt durch ihren *Sensus fidei* können einzelne
Gläubige sogar der Lehre ermächtigter Hirten ihre
Zustimmung verweigern, wenn sie in dieser Lehre die
Stimme Christi, des Guten Hirten, nicht erkennen.
"Die Schafe folgen ihm [dem Guten Hirten]; denn sie
kennen seine Stimme. Einem Fremden aber werden
sie nicht folgen, sondern sie werden vor ihm fliehen,
weil sie die Stimme des Fremden nicht kennen." (Joh.
10,4–5) Nach Meinung des heiligen Thomas kann,
ja muss sich ein Gläubiger, selbst wenn er nicht über
theologische Kompetenz verfügt, kraft des *Sensus
fidei* seinem Bischof widersetzen, wenn dieser eine
Irrlehre verkündet. In einem solchen Fall sieht sich
der Gläubige nicht als letzten Maßstab der Wahrheit
des Glaubens, doch angesichts einer "autorisierten"

Verkündigung, die er als verstörend empfindet, ohne genau erklären zu können, warum, zögert er mit seiner Zustimmung und appelliert innerlich an die höhere Autorität der universalen Kirche.[60]

Was ist diese vom Geist geleitete Unfehlbarkeit des *sensus fidelium*? Es ist nur die zu Ende gedachte Version der Tatsache, dass wir nicht auf unsere persönliche Vernunft oder unseren "christlichen gesunden Menschenverstand" verzichten können. So wie die weltlichen Machthaber keine Autorität haben, die sich einfach über die jeweilige Vernunft und die Stimme des Gewissens eines Bürgers hinwegsetzt, so haben auch die kirchlichen Machthaber im Bereich der Gottesfurcht keine Autorität, die kurzerhand die Vernunft des Gläubigen ausschaltet und ihn aus seiner Verantwortung vor Gott entlässt, das Gemeinwohl der Kirche mehr zu lieben als das persönliche Wohl eines Einzelnen.[61] Der *sensus fidelium* ist ein unverzichtbarer Bestandteil der Unfehlbarkeit der Kirche, die allzu oft fälschlicherweise als eine Art von oben nach unten gerichtete, nur von der Hierarchie ausgehende lehramtliche Eigenschaft ausgelegt wird, während es sich in Wirklichkeit um eine göttliche Gabe handelt, die der Kirche gerade als gemeinschaftlich verfasster Einheit verliehen wurde. Deshalb konnte Newman feststellen, dass während der arianischen Krise des 4. Jahrhunderts "das göttliche Dogma von der Gottheit unseres Herrn weit mehr von der 'Ecclesia docta' [der unterrichteten Kirche] als von der 'Ecclesia docens' [der unterrichtenden Kirche] verkündet, durchgesetzt, aufrechterhalten und (menschlich gesprochen) bewahrt wurde", und dass "das

Wahrer Gehorsam in der Kirche

Organ des Episkopats seinem Auftrag untreu war, während das Organ der Laien seiner Taufe treu blieb".[62]

Die Erwähnung des Gewissens macht einen kurzen Exkurs über dieses viel missbrauchte Wort notwendig, das gleichwohl eine Realität von großer Bedeutung bezeichnet.

In den 60er-, 70er- und 80er-Jahren war das "Gewissen" die Domäne der Progressiven, die versuchten, von der immerwährenden Lehre wie dem Verbot der Empfängnisverhütung (das Paul VI. zwar bestätigte, aber keineswegs erfand) abzuweichen. Die Liberalen verwenden das Wort weiterhin als Deckmantel für unmoralische Handlungen, insbesondere für Verstöße gegen das sechste und neunte Gebot. Für sie ist "Gewissen" offenbar gleichbedeutend mit "meine Wünsche als autonomer moderner Mensch, der sich dem Gesetz Gottes nicht unterwirft oder unterwerfen will". Diese politisierte Verfälschung führte zu einer gegenteiligen Reaktion unter Konservativen und Anhängern der Tradition, die das Wort ebenfalls missbrauchten, indem sie ein "gut ausgebildetes Gewissen" mit "automatischer Unterwerfung unter eine äußere Autorität" gleichsetzten, was im Einklang mit dem Neo-Ultramontanismus darauf hinauslief, dass der Wille des Papstes zum einzigen und notwendigen Handlungsprinzip für tugendhafte Katholiken erklärt wurde.[63] Das Ergebnis dieses Tauziehens zwischen den Fraktionen innerhalb der Kirche ist, dass der Begriff des Gewissens seine Bedeutung praktisch verloren hat; er wurde seines substantiellen Inhalts beraubt. Wir alle — Liberale, Konservative und Anhänger der Tradition — haben uns ein Element dessen aus der Hand nehmen lassen, was uns als Menschen auszeichnet: als rationale, freie und verantwortliche Wesen vor Gott.

Der heilige Thomas sagt, das Gewissen sei "eine Tätigkeit, nämlich die tatsächliche Anwendung der moralischen Erkenntnis auf das Verhalten" im Hier und Jetzt.[64] Der heilige John Henry Newman charakterisierte das Gewissen als "einen Boten dessen, der sowohl in der Natur als auch in der Gnade hinter einem Schleier zu uns spricht und uns durch seine Vertreter lehrt und leitet".[65] Das Zweite Vatikanische Konzil hat diesen Boten zu Recht gepriesen: "Im Innern seines Gewissens entdeckt der Mensch ein Gesetz, das er sich nicht selbst gibt, sondern dem er gehorchen muss und dessen Stimme ihn immer zur Liebe und zum Tun des Guten und zur Unterlassung des Bösen aufruft. Es erklingt in seinem Herzen im richtigen Augenblick....Denn der Mensch hat ein Gesetz, das von Gott seinem Herzen eingeschrieben ist."[66] Um diese Stimme zu hören, muss ich mich "nach innen wenden", sagt der heilige Augustinus, "und in allem, was ich tue, Gott als meinen Zeugen sehen".[67] In diesen Aussagen erkennen wir eine Verbindung zwischen dem Gewissen als einem inneren Gesetz oder einer inneren Stimme, und einer äußeren Norm oder Autorität, die es anerkennt. Nach dem Katechismus der Katholischen Kirche bezeugt das moralische Gewissen "*die Autorität der Wahrheit* im Hinblick auf das höchste Gut, auf Gott, von dem der Mensch angezogen wird und dessen Gebote er empfängt".[68] Das Gewissen steht immer in Verbindung mit der wahren Lehre, einer Quelle der Erleuchtung, die sich dem empfänglichen Geist als Wahrheit nahelegt. Solange das Gewissen ein Gespür für seine eigene Bedürftigkeit hat, sucht es nach einem vertrauenswürdigen Licht für seine Formung und findet erst dann Ruhe und Erleuchtung, wenn und solange es ein solches Licht gefunden hat. Zu dem Vers "Das Wasser, das ich ihm geben werde, wird in ihm zu einer Quelle werden" (Joh. 4,14) schreibt der heilige Thomas: "Derjenige, der trinkt, indem er an Christus glaubt, schöpft aus einer Wasserquelle; und wenn er aus ihr schöpft, beginnt sein Gewissen, das das Herz des inneren Menschen ist, zu leben, und es wird selbst zu einer Quelle."[69]

Das Gewissen hat also nichts mit dem zu tun, "was ich gerade tun oder nicht tun möchte". Es verweist auf die Tätigkeit in der menschlichen Seele, zu beurteilen, was richtig oder falsch ist, in Übereinstimmung mit der erkannten Wahrheit, so dass wir unsererseits wollen können, was in diesem Augenblick, in dieser Situation, das Richtige ist. Das Gewissen arbeitet Hand in Hand mit der Tugend der Klugheit, durch die wir die beste Vorgehensweise in Anbetracht aller relevanten Umstände sowie der inhärenten Anforderungen der Tugend, die uns immer an das Gesetz Gottes binden, zu unserem eigenen Wohl erkennen. Psalm 118[119], der längste Psalm im Psalter Davids und ein Grundpfeiler des göttlichen Offiziums, wiederholt nachdrücklich, dass Gottes Gesetz unser Wegweiser, unsere Erleuchtung, unsere Freiheit, unsere Freude ist und dass wir ohne Gottes Gesetz nicht in der Lage sind, richtig zu urteilen. Die ständige Betrachtung des Gesetzes Gottes, wie es uns in der Schrift und in der Tradition gegeben ist, ist das uns von Gott geschenkte Mittel, das unsere moralische Urteilskraft formen soll.

Wenn wir nun verstehen, wie sowohl das Gewissen als auch die Tugend funktionieren, dann wird uns klar, dass es so etwas wie "blinden Gehorsam" im christlichen Leben nicht geben kann. Um etwas Gutes zu tun und Böses zu vermeiden, müssen wir ein Urteil über das zu vollbringende Gute oder das zu vermeidende Böse fällen; wir müssen eine praktische Überlegung über jede vorgeschlagene Handlung anstellen; wir müssen innerlich die Übereinstimmung mit der Wahrheit wollen und das Falsche zurückweisen. Es gibt zwar allgemeine Handlungsregeln und ausnahmslose Normen, aber nur der Einzelne kann im Augenblick des Handelns wissen und entscheiden, was richtig ist und was nicht; diese Verantwortung für sich selbst kann nicht an jemand anderen „outgesourcet" werden, der für ihn denken und entscheiden wird.[70] Natürlich kann es vorkommen, dass einer Person, die unter der Autorität eines anderen steht, ein Befehl erteilt wird und diese Person keine moralischen Schwierigkeiten darin sieht; in diesem Fall würde das Nichtvorhandensein von etwas Verwerflichem in dem Befehl sie dazu veranlassen, dem Befehl ohne Weiteres zu folgen. Es geht hier nicht darum, dass moralisches Denken kompliziert und langwierig sein muss—ein tugendhafter Mensch mit einem erleuchteten Gewissen wird bestimmte Entscheidungen sehr leicht treffen können, auch wenn sie mit Leid verbunden sind-, sondern darum, dass moralisches Denken *immer* stattfindet und nicht umgangen werden kann, und dass dies auch nicht im Namen einer vermeintlich "heiligeren" Form des Gehorsams versucht werden sollte. Auch wenn das kirchliche Lehramt Grundsätze liefert, anhand derer wir tugendhafte Handlungen erkennen und wissen können, dass wir bestimmte Arten von Handlungen, die an sich böse sind, unterlassen müssen, kann nur der einzelne Christ das *moralische Handeln* festlegen, das in der Befolgung und Anwendung von Grundsätzen bei seinen persönlichen Entscheidungen besteht; es kann keine äußere Instanz einspringen und diese Funktion seiner Seele übernehmen, für die er vor Gott Rechenschaft ablegen muss. Dies ist, richtig verstanden, das Prinzip des Vorrangs des Gewissens, für das die katholische Tradition Zeugnis ablegt.[71]

Heute können und sollten Katholiken sich ernsthaft auf ihr Gewissen berufen, wenn sie sehen, dass ihnen lebenswichtige Güter gewaltsam entzogen oder Übel aufgezwungen werden. Das hat nichts mit "progressiv" zu tun, sondern damit, *menschlich* und *christlich* zu sein. Es bedeutet, in rechter Weise traditionell zu sein, den immerwährenden Wert dessen zu kennen und zu bezeugen, was vor uns geliebt und verehrt wurde, und was stets mit unerschütterlicher Treue überliefert wurde.

Nicht wir sind die Revolutionäre oder die Ungehorsamen

Seien wir uns darüber völlig im Klaren: Wer die traditionelle lateinische Messe (oder irgendeinen der traditionellen liturgischen Riten) angreift, greift die Vorsehung von Gott, dem Vater, an; er lehnt das Werk von Christus, dem König und Herrn der Geschichte, ab; er verhöhnt die Wirksamkeit des Heiligen Geistes im Gebetsleben der Kirche. Das widerspricht der Praxis aller Epochen der Kirche, aller Heiligen, Konzilien und Päpste vor dem 20. Jahrhundert. Es widerspricht mehreren zentralen Tugenden des christlichen Lebens, vor allem der Frömmigkeit, der Dankbarkeit und der Demut. Es impliziert die Ablehnung des dogmatischen Glaubensbekenntnisses, das in der traditionellen lateinischen *lex orandi* in seiner organischen Entfaltung über mindestens 1600 Jahre enthalten ist, widerspricht also der theologischen Tugend des Glaubens; es impliziert die Ablehnung der Gemeinschaft der Heiligen in einer gemeinsamen Abstammung und einem gemeinsamen Erbe des kirchlichen Gottesdienstes, widerspricht also der theologischen Tugend der Nächstenliebe. In all diesen und weiteren Punkten sind die nachkonziliare Liturgiereform, ihre anschließende rücksichtslose Umsetzung und die erneuten Bemühungen von Papst Franziskus, die vorangegangene Tradition auszulöschen, unvernünftig, ungerecht und unheilig und können daher nicht als legitim angenommen oder als der Wille Gottes begrüßt werden.[72] Der heilige Thomas von Aquin sagt bekanntlich: Ungerechte Gesetze "sind eher Gewalttaten als Gesetze. Deshalb verpflichten sie nicht im Gewissen."[73] Eine Abkehr von unserem katholischen liturgischen Erbe ist gleichbedeutend mit Ungehorsam gegenüber Gott; wir aber werden durch unseren gegenüber den Revolutionären praktizierten "Ungehorsam" Gott gegenüber gehorsam sein. Der bedeutende Kirchenhistoriker Roberto de Mattei formulierte es folgendermaßen:

Wahrer Gehorsam in der Kirche

Wir setzen der Philosophie der Revolte, der Philosophie des Widerspruchs, der Philosophie der Revolution, die sich in erster Linie vom Teufel inspirieren lässt, die Philosophie des Gehorsams gegenüber dem göttlichen Gesetz entgegen, das in der ganzen Welt verletzt und angegriffen wird. Um dieses höchsten Gehorsams willen sind wir bereit, den Menschen, auch denen der Kirche, den Gehorsam zu entziehen, wenn schwerwiegende Umstände es erfordern. Wenn dies jedoch eintrifft, tun wir es mit Trauer, wir tun es mit Respekt, indem wir unseren Geist des Gehorsams gegenüber Gott und seinem Gesetz erneuern, indem wir unsere Liebe zur Kirche und zu unserem Nächsten erneuern: zu jedem Bruder, dessen Willen wir tun wollen, gemäß den Prioritäten der gegenseitigen Abhängigkeit und der Hierarchie, die das Universum bestimmen. Wir lieben die Ordnung und wir bekämpfen die Unordnung. Unser Kampf gegen die Unordnung wird Gegenrevolution genannt, eine Bewegung, die die Ordnung zurückbringt und wieder herstellt.[74]

Ganz ähnlich schreibt Sebastian Morello:

Die Katholiken, die darauf bedacht sind, ihre ererbten religiösen Überzeugungen und Praktiken zu bewahren, sind keine Revolutionäre, und sie sind auch nicht ungehorsam. Schändlicherweise werden solche Katholiken des Ungehorsams beschuldigt—was ja bereits geschieht. In Wirklichkeit wollen solche Katholiken einfach nicht Teil eines revolutionären Projekts sein. Gerade ihr Gehorsam und ihre Treue zu ihrer Tradition angesichts der missbräuchlichen Ausübung willkürlicher Macht machen sie zur Zielscheibe von Revolution und Ungehorsam. Diese Katholiken müssen sich über eines im Klaren sein: Nicht sie sind die Revolutionäre, die Ungehorsamen; sie sind vielmehr die treuen Gläubigen.[75]

Wenn wir davon überzeugt sind, dass etwas Wesentliches, etwas für den Glauben Entscheidendes vom Papst oder einem anderen Kirchenoberhaupt angegriffen wird, dann dürfen wir uns nicht nur weigern, zu tun, was von uns verlangt oder uns befohlen wird; wir dürfen uns nicht nur weigern, das aufzugeben, was uns unrechtmäßigerweise genommen oder verboten wird; wir sind sogar *verpflichtet*, uns zu weigern, und zwar aus Liebe zu unserem Herrn selbst, aus Liebe zu Seinem mystischen Leib und aus Liebe zu unserer eigenen Seele. Untätig bleiben und so tun, als gäbe es kein Problem (im Englischen gibt es für diese Verweigerungshaltung die schöne Formulierung: "Sitting on the fence", auf dem Zaun sitzen [bleiben]), ist keine Option: Ein guter Priester formulierte: "Der Zaun wurde unter Strom gesetzt." ("the fence has been electrified.")[76] Unser Gehorsam gebührt der höheren Autorität: In dem hier erörterten Fall ist das die göttliche Vorsehung, der Heilige Geist, die Autorität der Kirche aller Zeiten, die Stimme Gottes im eigenen Gewissen, welche die größere Sakralität und heiligende Kraft der alten Riten

bezeugt sowie die Erfordernisse und Anliegen des kirchlichen
Gemeinwohls.[77]

Weil das so ist, wäre jede Strafe, die wegen "Ungehorsam"
gegen die Revolutionäre verhängt wird, unrechtmäßig. Wenn
eine Strafe aufgrund falscher theologischer oder kirchen-
rechtlicher Voraussetzungen verhängt wird, ist sie null und
nichtig, so wie der kirchenrechtliche Prozess und die Exkommunikation von Jeanne d'Arc fünfundzwanzig Jahre nach
ihrer Hinrichtung durch korrupte und politisch motivierte
Geistliche als unrechtmäßig anerkannt wurden. Stellen Sie
sich einen Bischof vor, der einen katholischen Priester seines
Amtes enthebt, suspendiert, exkommuniziert oder zu laisieren
versucht, weil der Priester die liturgische Tradition liebt und
sich an sie hält, während der Bischof sie nicht mag und ab-
lehnt.[78] Die Suspendierung oder Exkommunikation, ja selbst
die Entfernung aus dem Klerikerstand wäre ungültig: Es ist
ein Widerspruch in sich, wenn Autorität gegen jemanden
geltend gemacht wird, dessen einziges "Verbrechen" darin
besteht, dass er „für den einmal den Heiligen überlieferten
Glauben kämpft" (vgl. Judas 3). Der Priester kann wie bis-
her die Sakramente spenden; seine Kompetenzen bleiben
erhalten.[79]

Dagegen könnte jemand einwenden, dass ich damit im
Grunde die Existenz einer legitimen kirchlichen Autorität leugne, denn wenn dies der Fall wäre, dann würde jede
Strafe, die diese Autorität gegen einen Priester verhängt, sei
er nun schuldig oder unschuldig, immer noch *pro tempore*
wirksam sein: Einem Priester, dem die Vollmachten entzogen

wurden, würden die Vollmachten fehlen. Das Kirchenrecht geht schließlich von der Gültigkeit der Handlungen vor dem Forum externum aus. Darauf erwidere ich, dass diese Argumentation in gewöhnlichen Zeiten zutreffen würde, nicht aber in unseren außergewöhnlichen Zeiten, in denen sich die kirchliche Autorität durch ihren Angriff auf die liturgische und theologische Tradition gegen das Gemeinwohl der Kirche gewandt hat und damit ihren eigenen Zweck und im selben Maße auch ihre Autorität untergräbt. Die Katholiken bekennen sich zu einem Gesetz, das grundlegender ist als die kirchenrechtlichen Vorschriften, zu einem Gesetz, das sie notwendigerweise und zutiefst bedingt: *salus animarum suprema lex*, das Heil der Seelen ist das oberste Gesetz. Um des Heils der Seelen willen existiert die gesamte Struktur des Kirchenrechts; es hat keinen anderen Zweck als letztendlich den Schutz und die Förderung der Teilhabe der Menschheit am Leben Christi.

Unter normalen Umständen geben die kirchlichen Gesetze eine Struktur vor, innerhalb derer sich die Sendung der Kirche in geordneter und friedlicher Weise entfalten kann. Es kann jedoch Situationen der Anarchie oder des Zusammenbruchs, der Korruption oder des Glaubensabfalls geben, in denen die gewöhnlichen Strukturen die Mission der Kirche behindern, anstatt sie zu fördern. In diesen Fällen gebietet die Stimme des Gewissens, das zu tun, was zur Verwirklichung des obersten Gesetzes mit Besonnenheit und Nächstenliebe getan werden muss. So wurde der heilige Athanasius der Große offiziell exkommuniziert, zögerte aber nicht,

sein Werk dennoch fortzusetzen;[80] und viele Priester, die
auch inmitten des Aussterbens der katholischen Hierarchie
im elisabethanischen England treu blieben, übten ihr Amt
unter Verletzung der üblichen kirchenrechtlichen Normen
aus, sogar über mehrere Generationen hinweg. Wenn ein
Gebäude brennt, versucht man mit allen Mitteln, das Feuer
zu löschen und die Opfer zu retten, anstatt zu warten, bis
die Feuerwehr eintrifft—vor allem, wenn man aus bitterer
Erfahrung weiß, dass der Einsatzleiter der Feuerwehr abwe-
send ist oder schläft oder betrunken—oder womöglich gar
davon überzeugt ist, dass Brände nützlich sind; wenn man
weiß, dass die meisten Feuerwehrleute Stümper sind, deren
Methoden nicht funktionieren, oder die, schlimmer noch,
von Saboteuren dafür bezahlt werden, Benzin auf das Feuer
zu sprühen. Die Krise in der Kirche ist nicht denjenigen anzu-
lasten, die im Bewusstsein einer Verpflichtung vor Gott und
einer Verantwortung gegenüber den leidenden Mitchristen
so gut wie möglich darauf reagiert haben, mit den glanzvollen
Waffen des Gehorsams gegenüber dem höchsten Gesetz, das
über allem anderen steht. Ich kann mich den Worten von
Erzbischof Viganò nur anschließen:

> Wir sollten nicht den Fehler begehen, die gegenwär-
> tigen Ereignisse als "normal" darzustellen und das
> Geschehen mit rechtlichen, kanonischen und sozio-
> logischen Parametern zu beurteilen, die eine solche
> Normalität voraussetzen würden. In außergewöhnli-
> chen Zeiten—und die gegenwärtige Krise der Kirche
> ist in der Tat außergewöhnlich—gehen die Ereignisse

über das unseren Vätern bekannte Normale hinaus.
In außergewöhnlichen Zeiten können wir hören, wie
ein Papst die Gläubigen täuscht; wir sehen Kirchenfürsten, denen Verbrechen vorgeworfen werden, die
in anderen Zeiten Abscheu erregt und harte Strafen
nach sich gezogen hätten; wir erleben, wie in unseren
Kirchen liturgische Riten praktiziert werden, die von
Cranmers perversem Geist erfunden zu sein scheinen;
wir sehen, wie Priester das unreine Götzenbild der
Pachamama in den Petersdom schleppen; und wir
hören, wie sich der Stellvertreter Christi bei den Anhängern dieses Simulakrums entschuldigt, wenn ein
Katholik es wagt, es in den Tiber zu werfen.[81]

Seine Exzellenz hat uns schon mehrfach darauf hingewiesen, dass die Situation in der Kirche mit der Krise, die sich
gleichzeitig in der weltlichen Politik abspielt, vergleichbar und
mit ihr verflochten ist. Der Missbrauch von Autorität, die
Panikmache, die versuchten Bestrafungen und die geforderte
mutige Reaktion entsprechen sich durchaus:

Heute befinden sich einerseits die Bürger und andererseits
die Gläubigen in der Situation, dass sie der irdischen Autorität nicht gehorchen können, wenn sie sich der göttlichen Autorität unterordnen wollen, die die Nationen und die Kirche
regiert. Es liegt auf der Hand, dass die "Reaktionäre" – d.h.
diejenigen, die die Perversion der Autorität nicht akzeptieren
und der Kirche Christi und ihrem Heimatland treu bleiben
wollen – ein Element des Widerspruchs darstellen, das in
keiner Weise toleriert werden kann. Deshalb müssen sie im

Wahrer Gehorsam in der Kirche

Namen eines "öffentlichen Gutes", das nichts mehr mit dem *bonum commune* zu tun hat, sondern sein Gegenteil ist, diskreditiert, delegitimiert, bedroht und ihrer Rechte beraubt werden. Ob man sie nun der Verschwörungstheorien, des Traditionalismus oder des Fundamentalismus bezichtigt — diese wenigen Überlebenden einer Welt, die man verschwinden lassen will, stellen eine Bedrohung für die Verwirklichung des globalen Plans dar, und das ausgerechnet im entscheidenden Moment seiner Umsetzung.... Wir können also die Gewalt der Reaktionen der Autoritäten verstehen und uns auf einen starken und entschlossenen Widerstand vorbereiten, indem wir weiterhin die Rechte in Anspruch nehmen, die uns missbräuchlich und unrechtmäßig verweigert wurden.[82]

Bleibt standhaft und haltet durch

Traditionis Custodes hat ironischerweise die grundlegende Behauptung der Anhänger der Tradition bestätigt, dass nämlich ein Bruch zwischen der Kirche aller Zeiten und der konziliaren Kirche stattgefunden hat, oder zumindest zwischen der einen und der anderen Form des Gottesdienstes. In diesem Fall ist der "Verlierer" jedoch nicht die Kirche aller Zeiten mit ihren festen Dogmen und ihrer großartigen Liturgie; der Verlierer ist vielmehr der Nachzügler, der Emporkömmling, der Hochstapler. Deshalb ist es für einige Priester und Ordensleute in der Kirche eine Notwendigkeit und kein Luxus, durch ihr Leben, durch ihre konsequente, prinzipielle und uneingeschränkte Treue zur Tradition zu bezeugen, dass die

Kirche unbedingt dieselbe sein muss, die sie immer war, und dass das, was in der Vergangenheit heilig und groß war, auch in der Gegenwart und bis zum Ende der Zeiten immer so bleiben wird. In dem Moment, da die Tradition verboten wird, wird auch die substanzielle Kontinuität der Kirche und damit die Grundlage der kirchlichen Autorität aufgehoben, da uns das Episkopat und das Papsttum selbst durch die Tradition überliefert wurden.[83] George Neumayr bemerkt treffend:

> Für eine Religion, die sich auf Traditionen stützt, macht die Unterdrückung von Traditionen keinen Sinn, es sei denn, das Ziel besteht darin, diese Religion grundlegend zu verändern.... Natürlich verkörpert der Papst genau die Spaltung, die er zu beklagen vorgibt. Er spaltet die Katholiken auf der tiefstmöglichen Ebene—der katholischen Tradition selbst. Eine "Einheit", die in Heterodoxie gründet, ist ein Schwindel.... Indem er die Autorität früherer Päpste missachtet, löscht Franziskus seine eigene aus.[84]

Heute ist das kirchliche Zeugnis des antiken, mittelalterlichen und tridentinischen Erbes ernsthaft gefährdet, und zwar nicht nur durch die Handlungen von Kirchenfürsten, die sich von der Tradition abtrennen wollen, sondern auch durch die aggressive Übervorteilung zivilgesellschaftlicher Entscheidungsträger, die den Gottesdienst dem aufkommenden Kult um die "Volksgesundheit" unterordnen wollen. Es muss ganz eindeutig feststehen, dass kein Amtsträger, weder in der Kirche noch im Staat, nach natürlichem, göttlichem oder kirchlichem Recht die Befugnis hat, die Messe zu verbieten oder katholischen Gläubigen, die dafür disponiert sind, die Sakramente zu verweigern.[85] Die *salus animarum* kann niemals durch die *sanitas corporis* als oberstes Gesetz der Kirche ersetzt werden—als ob ein einwandfreier Gesundheitszustand, eine Polyestermaske oder ein Impfpass jemals als notwendige Voraussetzung für die Teilnahme am Opfer auf Golgatha verlangt werden könnten. Nach den überzeugenden Worten von Bischof Athanasius Schneider haben viele katholische Geistliche "die übernatürliche Vision verloren und den Vorrang des ewigen Wohls der Seelen aufgegeben".[86] Die Absage von Messfeiern im Namen der Gesundheit der Bevölkerung hat gezeigt, dass wir diese übernatürliche Vision dringend zurückgewinnen müssen, wenn wir in unseren Gotteshäusern weiterhin eine wirklich angemessene Anbetung des Herrn gewährleisten wollen.[87]

Der wertvollste Beitrag in unserem Zeitalter des Gedächtnisverlusts und der Verwirrung wird daher von denjenigen geleistet, die sich nicht damit begnügen, aus der Ferne zu bewundern oder gelegentlich bei der Wiederherstellung und Verteidigung unseres heiligen Erbes mitzuhelfen; die sich vielmehr persönlich mit der überzeitlichen und dauerhaften Wahrheit und Qualität dieses Erbes identifizieren, indem sie es zur Richtschnur ihres täglichen Lebens machen. Die Geistlichen, die sich aus Prinzip ausschließlich dem alten Ritus verschrieben haben, dürfen keine Kompromisse eingehen, ungeachtet von Drohungen oder Strafen. Vielmehr sollten sie die rechtliche Leere dieser grundlosen

Ritus-Unterdrückungs-Manöver anerkennen. Jetzt, da unsere Feinde deutlich gemacht haben, dass sie letztendlich unsere Liquidierung beabsichtigen, kommen die klassischen Rechtsgrundsätze der Selbstverteidigung, des verhältnismäßigen Widerstands und der Ungültigkeit von ungerechtfertigten Strafen voll zum Tragen.

Einigen Priestern mag es vielleicht gelingen, ungerechte Gesetze (ob von kirchlichen oder zivilen Behörden erlassen) jahre- oder jahrzehntelang zu umgehen oder zu missachten; andere hingegen werden von Spitzeln angezeigt oder auf andere Weise zur Rechenschaft gezogen. Ihre Vorgesetzten können ihnen die Vollmachten entziehen oder eine Versetzung anordnen; die Angeschwärzten können suspendiert werden und ihrer Bezüge verlustig gehen; sie können sogar exkommuniziert werden, obwohl Letzteres eher unwahrscheinlich ist. Was sie jedoch nicht vergessen dürfen: Solange der einzige Grund für die Disziplinarmaßnahmen ihr grundsätzliches Festhalten an den traditionellen Riten der römischen Kirche ist, sind solche Strafen null und nichtig, und sie können ihren priesterlichen Dienst unvermindert fortsetzen.[88] Unter einem anderen Papst oder einem anderen Bischof wird sich eine gesündere Politik durchsetzen, und dann können die Bilanzen ausgeglichen und die irregulären Unterlagen berichtigt werden.[89] Gerade weil, in den Worten von Kardinal Müller, "der gute Hirte daran zu erkennen ist, dass er sich mehr um das Heil der Seelen kümmert als darum, sich durch unterwürfiges 'Wohlverhalten' bei einer höheren Autorität zu empfehlen",[90] werden mutige Pfarrer und entlassene Priester umgehend und großzügig von

Wahrer Gehorsam in der Kirche

dankbaren Laien unterstützt werden, die sich hinter ihnen versammeln, um ihre heiligen Stätten zu verteidigen, für ihre materiellen Bedürfnisse zu sorgen und im schlimmsten Fall einen würdigen Ort für die Feier der Messe zu schaffen. An anderer Stelle habe ich bereits darauf hingewiesen:

> Der traditionelle katholische Gottesdienst und die von ihm geprägte Lebensweise wurden in den späten 60er und 70er Jahren von Priestern und Laien gerettet, die bereit waren, genau dies und nichts anderes zu tun, um dem treu zu bleiben, was sie für wahr hielten. Es war zunächst eine winzige Minderheit, die die Flamme am Brennen hielt und sie, jeder für sich, in der ganzen Welt verbreitete. Sehr oft mussten sie das außerhalb der offiziellen Strukturen der Kirche tun, oder besser gesagt, außerhalb der sich selbst bestätigenden rechtlichen Fiktionen der Kirchenmänner und ihrer selbstzerstörerischen "Erneuerung". Sie waren eine Zeitlang "Seelsorger draußen in der Kälte", aber sie hätten ihr reines Gewissen, ihre katholische Integrität, ihre pastorale Fruchtbarkeit und ihren geistlichen Trost niemals gegen irgendwelche Zuwendungen von einem korrupten und zersetzenden System eingetauscht.[91]

Der traditionelle Priester kann ruhigen Gewissens weitermachen, weil er weiß, dass er in seiner eigenen Person die Vergangenheit mit der Zukunft verbindet und durch seinen Dienst das große Geschenk weitergibt, das er erhalten hat—wofür er eines Tages diese herrlichen Worte hören wird:

"Trefflich, du guter und getreuer Knecht! Weil du über weniges getreu gewesen bist, werde ich dich über vieles setzen; gehe ein in die Freude deines Herrn!" (Matth. 25,21) Denn durch ihre Beharrlichkeit gegenüber korrupten religiösen Führern werden solche Priester andere zu größerer Heiligkeit inspirieren und sich selbst in die edle Gesellschaft jener ersten Helden des katholischen Priestertums einreihen, die sich freuten, als würdig erachtet zu werden, für die Wahrheit Christi zu leiden.[92]

Der moderne Mensch, Erbe eines zusammenhanglosen totalitären Liberalismus, schwankt typischerweise zwischen der Verachtung jeglicher Autorität und der blinden Unterwerfung unter die Autorität, die er noch anerkennt. Es gibt kein Netz von Autoritäten auf verschiedenen Ebenen mehr, die eine Konstellation von Bezugspunkten bilden können, innerhalb derer der einzelne Christ seinen Gehorsam Gott und der aus Gott stammenden Hierarchie unterwirft.[93] Autorität wird allzu oft zu einer willkürlichen, beliebigen Karikatur ihrer selbst verdreht, und der Gehorsam, der einem solchen Ersatz geleistet wird, ist seinerseits eine Karikatur. Es ist keine Tugend, sich bekannten Unwahrheiten zu unterwerfen; es ist kein Verdienst, einem System zu gehorchen, das auf Irrtümern und Lügen aufgebaut ist.[94] Erinnern wir uns an das, was der große anglikanische Konvertit Hugh Ross Williamson 1970 in seinem vernichtenden Pamphlet *The Great Betrayal* schrieb:

> Unsere Bischöfe, die diesen Ritus verbieten, appellieren an unseren "Gehorsam". Aber sie wissen doch bestimmt, dass der Gehorsam gegenüber dem Gewissen

Wahrer Gehorsam in der Kirche

über allem steht und dass Gehorsam nicht für etwas Falsches befohlen werden kann. Selbst im militärischen Leben darf sich ein Soldat nicht mehr auf den Gehorsam gegenüber einem Vorgesetzten berufen, um ein Verbrechen zu entschuldigen. Was die Bischöfe mit "Gehorsam" meinen, ist geistloser Kadavergehorsam—die Art von Gehorsam, die die abtrünnigen Priester der ersten Reformation ihren abtrünnigen Bischöfen entgegenbrachten, unter denen es nur einen einzigen gab, der den Glauben verteidigte: Den heiligen John Fisher. Zur Zeit gibt es keinen heiligen John Fisher.

Die Verteidigung der Kirche angesichts des großen Verrats durch die Kirchenmänner obliegt den Laien. Sie sollten aktiv die Strategie verfolgen, die bereits an verschiedenen Orten in Kraft getreten ist: für einen Priester zu sorgen, der die tridentinische Messe liest, und für seinen Unterhalt all das Geld bereitzustellen, das sie normalerweise ihrer örtlichen Kirche geben würden. Da wir uns wieder in den Katakomben befinden, kann die Feier in Privathäusern abgehalten werden.

Dafür kann es keine Sanktionen geben. Genau für diesen Fall hat der heilige Pius verfügt: "Zu keinem Zeitpunkt in der Zukunft kann ein Priester gezwungen werden, eine andere Form der Messfeier zu verwenden." Es wäre schließlich unmöglich, diejenigen des Schismas zu bezichtigen, die weiterhin die durch die

Jahrhunderte geheiligte Form der Messe verwenden. Es sind die Ökumeniker, die Schismatiker wären.[95]

Unsere heutige Situation ist sowohl schlimmer als jene im Jahr 1970, weil das Ausmaß der Heterodoxie und der Korruption schlimmer ist; als auch besser, weil viel mehr Menschen das erkennen können und mit Entschiedenheit zur Tradition zurückkehren. Sogar in der Hierarchie haben wir einige Bischöfe vom Format des heiligen John Fisher. In diesem Zusammenhang möchte ich hinzufügen, dass die in diesem Traktat dargelegten Argumente nicht nur die Priester, sondern auch die Bischöfe und Kardinäle betreffen: Auch sie sind verpflichtet, die unantastbaren Rechte der überlieferten Tradition und des ehrwürdigen katholischen Ritus sowie die Rechte der Christusgläubigen aller Stände und Lebensformen zu wahren; und keine Macht der Welt, auch nicht die des Papstes, kann sie von dieser Verantwortung vor Gott entbinden.[96]

Die vorliegenden Beweise zeigen, dass wir es auf den höchsten Ebenen der Kirche mit einer neuen "Pornokratie" zu tun haben: der Herrschaft nicht weniger niederträchtiger, geistig abgestumpfter, kleinlicher und rachsüchtiger Schurken, die sich nicht um Theologie, Geschichte, Tradition, Kirchenrecht oder sonst irgendetwas anderes scheren als nur um ihre eigene Ideologie, die nur allzu häufig an ihrem Lavendeldunst erkennbar ist. Deshalb werden Argumente bei ihnen fruchtlos bleiben; Appelle an Freundlichkeit, Fairness, Gerechtigkeit, Barmherzigkeit; Petitionen, selbst wenn sie von Millionen unterzeichnet sind, werden nichts nützen. Und deshalb muss man sich ihnen entgegenstellen, indem man sich konsequent weigert, irgendeine ihrer zerstörerischen Forderungen zu erfüllen. Welche Strafen sie auch immer verhängen—sie werden keine Wirkung haben, und das wird ein zukünftiger Papst oder ein Konzil anerkennen. In der Tat kann die Weigerung, die Wirksamkeit ungerechter Strafen anzuerkennen; die Weigerung, das eigene Verhalten als Reaktion auf raffinierte Schikanen zu ändern, als Beweis wahrer und aufrichtiger Nächstenliebe angesehen werden—einer aufrichtigen Liebe zu den Hirten der Kirche, die sich nicht damit zufrieden geben, den Hütern der Tradition zu erlauben, das Heil ihrer eigenen Seelen und der Seelen anderer zu gefährden, indem sie ihre Macht zum Schaden der ihrer Sorge anvertrauten Schätze missbrauchen.

Unterdessen muss das Gewissen tun, wozu es geschaffen ist, und darf sich nicht durch einen fadenscheinigen Missbrauch des Gehorsams auslöschen lassen, einer an sich edlen Tugend, die von ihren Ausbeutern häufig durch den Schmutz gezogen wird. Auf diese Weise werden wir auch dem Gehorsam in seiner höchsten, schönsten und radikalsten Form mehr Strahlkraft verleihen: dem Gehorsam gegenüber der Wahrheit, aus Liebe zum Guten—aus Liebe zu Gott.

Weiterführende Literatur

Damit dieser Traktat in seiner Länge überschaubar blieb, musste ich viele komplexe Themen zusammenfassen und durfte nur die wichtigsten Punkte darstellen. Für manche Leser wirft das möglicherweise mehr Fragen auf, als es beantwortet. Die folgenden Bücher und Artikel sollen als Leitfaden dienen, um zu einem breiteren und tieferen Verständnis des gegenwärtigen Zustands der katholischen Kirche und einiger kontroverser Themen, die auf diesen Seiten angesprochen werden, zu kommen. Die hier erwähnten Artikel können leicht online gefunden werden.

Zur Lage der Kirche im Allgemeinen empfehle ich Bischof Athanasius Schneiders Interview in Buchform *Christus Vincit: Der Triumph Christi über die Finsternis des Zeitalters* (Fe-Medienverlag, 2020). Der Überblick Seiner Exzellenz über die jüngere Kirchengeschichte, das Zweite Vatikanische Konzil, die nachkonziliare Zeit und das Pontifikat von Franziskus bietet einen umfassenden Kontext für die darin enthaltenen Argumente.

Wahrer Gehorsam in der Kirche

Bronwen Mcsheas Artikel "Bishops Unbound" (*First Things*, Januar 2019) diagnostiziert eine der Hauptursachen für die gegenwärtige Kernschmelze im kirchlichen Leben, indem er den Übergang von einer einst sehr differenzierten und weit verbreiteten Teilhabe an der Kirchenleitung — mit einer herausragenden Rolle für die Laien — zu einer zunehmenden Konzentration aller wirksamen Autorität in den Händen der Bischöfe und schließlich in den Händen des Papstes beschreibt, der sie alle ernennt und leitet. Zusammen mit McShea sollte man "Is It Time to Abolish the USCCB?" von Leila Marie Lawler (*Crisis Magazine*, 16. September 2019) lesen; außerdem "Hierarchy as Middle Management" von Darrick Taylor (*Crisis Magazine*, 29. September 2021) und "The Divide Between the Bishops and the Faithful" von Eric Sammons (*Crisis Magazine*, 1. Oktober 2021).

Roberto de Matteis *Love for the Papacy and Filial Resistance to the Pope in the History of the Church* (Angelico, 2019) verteidigt die Legitimität von Kritik, Uneinigkeit mit oder Widerstand gegen römische Päpste und führt zahlreiche historische Beispiele an. In der Sammlung von Aufsätzen *Are Canonizations Infallible? Revisiting a Disputed Question* (Arouca, 2021) befassen sich verschiedene Autoren mit dem Wesen und den Grenzen der päpstlichen Unfehlbarkeit sowie mit dem brisanten Thema der Zuverlässigkeit der "Heiligenfabrik" der letzten Jahrzehnte. Zum Thema der päpstlichen Häresie sei auf Arnaldo Xavier da Silveiras *Can a Pope Be ...a Heretic? The Theological Hypothesis of a Heretical Pope* (Caminhos Romanos, 2018) verwiesen; *Can Documents of the Magisterium of the Church Contain Errors?* (The American TFP, 2015) vom selben Autor ist ebenfalls beachtenswert; außerdem Kapitel 10 von José Antonio Uretas *Pope Francis's "Paradigm Shift"* (The American TFP, 2018), "It Is Licit to Resist", das den zusätzlichen Vorteil hat, dass es ausgiebig die hyperpapalistischen Ansichten namhafter Gefolgsleute des Bergoglianismus zitiert, die zu lesen wirklich schockierend ist. Die zweifellos wichtigste Publikation, welche die vielen von Papst Franziskus vertretenen und propagierten Irrtümer dokumentiert und analysiert, ist die Sammlung *Defending the Faith Against Present Heresies*, herausgegeben von John R. T. Lamont und Claudio Pierantoni (Arouca, 2021).

Der Begriff des Gehorsams hat zweifellos unter dem Einfluss jesuitischer Vorstellungen gelitten: siehe John R. T. Lamont, "Tyranny and Sexual Abuse in the Catholic Church: A Jesuit Tragedy", *Rorate Caeli*, 27. Oktober 2018. Eine ausführlichere Version dieses Artikels wurde als Vortrag in New York City am 4. April 2014 unter dem Titel "The Catholic Church and the Rule of Law" gehalten, dessen Text am 8. Mai in zwei Teilen auf dem Weblog der Society of St. Hugh of Cluny veröffentlicht wurde. Ebenfalls empfehlenswert ist die Publikation *Faithful Children of the Church: Catholic Obedience in Times of Apostasy* (Rom: Lepanto Foundation, 2018; erhältlich bei Voice of the Family). Sie enthält Aufsätze von Roberto de Mattei, Pater Roger-Thomas Calmel, O.P., und Prof. Plinio Corrêa de Oliveira.

Wenn Sie nur ein einziges Buch über die Messe lesen wollen, dann greifen Sie zu Michael Fiedrowiczs *Die überlieferte*

Wahrer Gehorsam in der Kirche

Messe. Geschichte, Gestalt und Theologie des klassischen römischen Ritus (Carthusianus Verlag, 2011). Eine Erklärung für die Überlegenheit des tridentinischen Ritus gegenüber dem Novus Ordo auf jeder Ebene und in jeder Hinsicht finden Sie in meinem Buch *Reclaiming Our Roman Catholic Birthright: The Genius and Timeliness of the Traditional Latin Mass* (Angelico, 2020). Zum Bruch zwischen dem alten und dem neuen Ritus siehe Pater Raymond Dulacs *In Defence of the Roman Mass* (Te Deum Press, 2020) und, mit geringerem Umfang, meine Artikel "Beyond 'Smells and Bells': Why We Need the Objective Content of the Usus Antiquior" (*Rorate Caeli*, 29. November 2019); "Two 'Forms' of the Roman Rite: Liturgical Fact or Canonical Fiat?" (*Rorate Caeli*, 14. September 2020); und "The Byzantine Liturgy, the Traditional Latin Mass, and the Novus Ordo — Two Brothers and a Stranger" (*New Liturgical Movement*, 4. Juni 2018). P. Dulacs Buch enthält detaillierte Abhandlungen über die rechtliche Stellung des *Missale Romanum, das von Pius V. in Quo Primum für alle Zeiten kanonisiert wurde. Der Autor vergleicht es mit dem angeblichen* "Römischen Messbuch" von Paul VI: siehe *In Defence of the Roman Mass*, 111-24, 207-10, 219-34, 265-303. Pater Dulac neigt zu einem Hyperpapalismus, den ich nicht teilen würde, aber das macht seine sorgfältig begründeten Argumente gegen den Novus Ordo und gegen jede Verpflichtung, ihn zu verwenden, umso überzeugender.

Um die Notlage von Priestern, die aus ideologischen Gründen bestraft werden, besser zu verstehen, vgl. Pater John P. Lovell, "What is a Canceled Priest?", *OnePeterFive*, 4. Oktober

2021, sowie meinen Artikel "Discovering Tradition: A Priest's Crisis of Conscience", *OnePeterFive*, 27. März 2019. Eine gute Zusammenfassung der inneren Zerrissenheit, die das Pontifikat von Franziskus für jeden noch gläubigen katholischen Priester mit sich bringt, findet sich in Pater Timothy Sauppés "A Sense of Pastoral Betrayal: The Burden Papal Novelties Lay on Parish Priests", *OnePeterFive*, 12. Januar 2021. Ich empfehle außerdem einen Besuch auf der Internetseite der Coalition for Canceled Priests.

Dem aufmerksamen Leser wird aufgefallen sein, dass in den Endnoten dieser Broschüre häufig der Sammelband *From Benedict's Peace to Francis's War: Catholics Respond to the Motu Proprio* Traditionis Custodes *on the Latin Mass* (Angelico, 2021) zitiert wird. Dieses unentbehrliche Hilfsmittel versammelt siebzig der besten Antworten auf das päpstliche Dekret, verfasst von fünfundvierzig Autoren aus zwölf Ländern.

Endnoten

1 https://de.wikisource.org/wiki/Beantwortung_der_Frage:
_Was_ist_Aufklärung%3F.

2 Text abrufbar unter www.pathsoflove.com/aquinas/perfection-
of-the-spiritual-life.html.

3 Wir müssen jedoch vorsichtig sein, wie wir die Lehren dieser
Meister in der heutigen Zeit interpretieren und anwenden.
Siehe meinen Artikel "Sun, Moon, and Stars: Traditions for
the Saints", *OnePeterFive*, 3. Februar 2021. Die geistlichen Ratschläge einiger Heiliger in der Vergangenheit (die oft darauf
hinauslaufen, dass man sich "ohne Murren allem unterwirft,
was der Vorgesetzte tut/befiehlt"), beruhten auf Annahmen, die
diese Heiligen als selbstverständlich voraussetzen konnten: einer
allgemeinen Zustimmung zur katholischen Lehre, dem Respekt
vor der kirchlichen Tradition, Verehrung für die überlieferte
Liturgie, Akzeptanz der Rolle der Schönen Künste usw. Heute
kann man sich glücklich schätzen, wenn man einen elementaren
Glauben an den Erlöser Jesus Christus annehmen darf!

Der historische Kontext, in dem wir versuchen, die Tugend
des Gehorsams zu verstehen und zu leben, darf nicht außer Acht

gelassen werden. Wir sollten nicht Ratschläge von vor drei oder vier oder fünfzehn Jahrhunderten, die sich typischerweise an geweihte Ordensleute im Zustand des gelobten Gehorsams richten, auf uns selbst anwenden, als wären sie eine Schablone oder eine Ausstechform und wir ein unbeschriebenes Blatt Papier oder ein Stück Teig. Wenn zum Beispiel der Vorgesetzte ein Modernist ist, dann muss man prüfen, welche Anweisungen nicht von seinem Modernismus beeinträchtigt oder abgeleitet sind, und welche sehr wohl. (Im Zweifelsfall müsste man sich ein Urteil darüber bilden, was wahrscheinlicher ist.) Wer einem Vorgesetzten, der als liberal, fortschrittlich oder modernistisch bekannt ist, "blinden Gehorsam" leistet, sündigt *ipso facto* gegen den Glauben, gegen die Wahrheit und gegen die Nächstenliebe, die Gott vor allem und über alles liebt.

Es stimmt, dass man ein selbst erlittenes Unrecht als einen Akt erlösenden Leidens akzeptieren kann; aber man darf nicht zusehen, wie anderen Unrecht angetan wird, und es geschehen lassen (wenn es in der eigenen Macht stünde, es zu verhindern oder irgendwie einzugreifen); und vor allem dürfen wir nicht zulassen, dass unser Herr unangemessen oder verächtlich behandelt wird (man denke an die Misshandlung des Aller-heiligsten Sakraments in so vielen Kirchen und Liturgien!). Wenn die Rechte Gottes auf dem Spiel stehen, darf man das Böse nicht "aufopfern" und sich abwenden, geschweige denn es gutheißen oder gar praktizieren.

4   Zu den anthropologischen und liturgischen Implikationen von Christus als dem Ewigen Hohenpriester und der Diener der Kirche als Seinen sichtbaren Werkzeugen vgl. mein Buch *Ministers of Christ: Recovering the Roles of Clergy and Laity in an Age of Confusion* (Manchester, NH: Crisis Publications, 2021).

5 Nimmt man umgekehrt den Gehorsam weg, dann verdunkelt man die Beständigkeit und Objektivität des geliebten Gutes und untergräbt das Engagement dafür; nimmt man den Gehorsam weg, verweigert man der Wahrheit ihre Hoheitsrechte über den Verstand.

6 Diese Lehre ist am klarsten in den Schriften des heiligen Johannes formuliert. Vgl. Joh. 14,15-21: "Wenn ihr Mich liebet, so haltet Meine Gebote. Und Ich werde den Vater bitten, und Er wird euch einen anderen Tröster geben, damit Er bei euch bleibe in Ewigkeit, den Geist der Wahrheit, welchen die Welt nicht empfangen kann, weil sie Ihn nicht sieht, und Ihn nicht kennt. Ihr aber werdet Ihn kennen; denn Er wird bei euch bleiben, und in euch sein. Ich werde euch nicht als Waisen zurücklassen; Ich werde zu euch kommen. Noch eine kleine Weile, und die Welt sieht Mich nicht mehr. Ihr aber werdet Mich sehen, weil Ich lebe, und ihr leben werdet. An jenem Tage werdet ihr erkennen, dass Ich in Meinem Vater bin, und ihr in Mir, und Ich in euch. Wer Meine Gebote hat, und sie hält, der ist es, der Mich liebt. Wer aber Mich liebt, wird von Meinem Vater geliebt werden; und Ich werde ihn lieben, und Mich selbst ihm offenbaren." Joh. 15,14: "Ihr seid Meine Freunde, wenn ihr tut, was Ich euch gebiete." Vgl. 1. Joh. 2,3-6 und 3,23-24.

7 James Butler, "The Most Rev. Dr. James Butler's Catechism", in *The Tradivox Catholic Catechism Index*, hrsg. v. Aaron Seng (Manchester, NH: Sophia Institute Press, 2021), 4:46-47.

8 Der heilige Thomas erklärt, dass die Tugend der Klugheit zu jeder freien Handlung gehört. Der Grund dafür, dass wir nicht immer bemerken, dass wir ein kluges Urteil über eine vorgeschlagene Handlung fällen, liegt darin, dass dies sehr oft

Wahrer Gehorsam in der Kirche

blitzschnell geschieht — zum Beispiel, wenn es sich bei dem, was uns befohlen wird, um eine Kleinigkeit handelt, über die nicht nachgedacht werden muss; oder wenn wir eine so gute Arbeitsbeziehung zu einer anderen Person haben, dass wir gewohnheitsmäßig tun, was sie sagt, ohne darüber nachzudenken. Nichtsdestotrotz gibt es eine rationale "Verarbeitung" einer jeden Anweisung oder einer Aufforderung, auf deren Grundlage wir sehen, dass es etwas ist, das wir tun können und sollten, auch wenn wir diese umsichtige Argumentation vielleicht erst dann bemerken, wenn es ein Problem gibt, das uns innehalten lässt.

9 Die Motive eines Oberen müssen nicht tugendhaft sein, damit seine Befehle gehorsamswürdig sind. Ein Bischof könnte beispielsweise einen Priester aus Verärgerung über seine Beliebtheit oder aus Neid auf seinen Erfolg von einer Pfarrei in eine andere versetzen, oder weil er an einem Ort, der für ihn ansonsten nicht geeignet ist, mehr Geld für die Diözese sammeln kann. Diese Verwaltungsentscheidungen müssten normalerweise akzeptiert werden, auch wenn ihre nicht wünschenswerten Motive offensichtlich sind oder vermutet werden können. Ich behaupte nur, dass es keine Beweise oder begründeten Verdachtsmomente dafür geben darf, dass die Entscheidungen des Oberen auf die geistliche oder physische Zerstörung des Untergebenen oder der Orts- oder Weltkirche gerichtet sind. Dies ist das Mindestmaß an gutem Willen, das eine tragfähige Struktur von Autorität und Gehorsam voraussetzt.

10 Der heilige Thomas erklärt: "Also kann auch durch oft wiederholte Handlungen, woraus die Gewohnheit entsteht, das Gesetz geändert und erklärt und somit etwas verursacht werden, was Gesetzeskraft erlangt; durch die äußeren Handlungen nämlich

wird höchst wirksam der innere Wille und Gedanke offenbar. Denn da eine häufige Wiederholung stattfindet, scheint das Urteil der Vernunft davon die Quelle zu sein. Danach also hat die Gewohnheit Gesetzeskraft; sie entfernt und erklärt das Gesetz." (*Summa theologiae* [ST] I-II, Q. 97, art. 3). Eine weitergehende Erklärung hierzu in "The Legality of the Old Rite" auf *The Rad Trad*, 25. Oktober 2018.

11 Nicht nur eine theoretische Möglichkeit. Offenbar hat Papst Franziskus hinsichtlich der Ergebnisse der Umfrage unter den Bischöfen zum Thema *Summorum Pontificum* schamlos gelogen. Vgl. Diane Montagna, "*Traditionis Custodes*: Separating Fact from Fiction", *The Remnant*, 7. Oktober 2021.

12 Massimo Viglione hat dies treffend formuliert: "Der Gehorsam ist kein Ziel; dass er ein Ziel sei, ist ein Irrtum, der seine tiefsten Wurzeln schon in der vorkonziliaren Kirche hat. Er ist ein Mittel der Heiligung. Er ist also kein absoluter Wert, sondern eher ein instrumenteller Wert. Er ist ein positiver Wert, sehr positiv, wenn er auf Gott ausgerichtet ist. Wenn man aber dem Satan oder seinen Dienern oder dem Irrtum oder dem Abfall gehorcht, dann ist Gehorsam kein Gut mehr, sondern eine bewusste Teilnahme am Bösen." ("'They Will Throw You Out of the Synagogues' [John 16:2]: The Hermeneutic of Cain's Envy against Abel", in *From Benedict's Peace to Francis's War: Catholics Respond to the Motu Proprio Traditionis Custodes on the Latin Mass* [Brooklyn, NY: Angelico Press, 2021], 110).

13 "The Virtue of Obedience", *First Things* online, 23. Juli 2021. Dass ich Chaput zitiere, impliziert nicht meine generelle Zustimmung zu seinen pastoralen Entscheidungen (siehe z.B. Michael Davies, *Liturgical Time Bombs in Vatican II* [Rockford, IL: TAN Books, 2003], 52–54).

14 Vgl. *ST* II-II, Q. 104, Art. 1. Vgl. unter anderem Leo XIII., *Diuturnum Illud* 11 und 17; *Immortale Dei* 18; *Libertas Praestantissimum* 13.

15 Vgl. *ST* II-II, QQ. 104 und 105.

16 *ST* II-II, Q. 104, Art. 5, sed contra.

17 Ebd., corpus.

18 Ebd., ad 2.

19 Ebd., ad 3.

20 *ST* II-II, Q. 105, art. 2.

21 Leo XIII. formuliert hier wie so häufig in seinen Sozialenzykliken die Lehre des heiligen Thomas von Aquin in der Abhandlung über das Gesetz: vgl. beispielsweise *ST* I-II, Q. 96.

22 Die Einsichten und einige der Formulierungen in den folgenden Absätzen verdanke ich Dr. Jeremy Holmes, dem ich herzlich danke. Eine ausführlichere Darstellung der hier dargelegten Punkte finden Sie in seinem Beitrag "How formal authority works", *New Song*, 21. Oktober 2021, http://drandmrsholmes. com/blog/2021/10/21/how-authority-works-2/.

23 Tragischerweise ist der Begriff "Gemeinwohl", wie auch "Gehorsam" und "Gewissen", in den letzten Jahrzehnten so missbraucht worden, dass er heute als verdächtige Phrase verstanden werden kann—als etwas, das liberal oder progressiv klingt. Zum Beispiel könnte jemand behaupten, das "Gemeinwohl" der Kirche erfordere "einen gemeinsamen Gottesdienst", d.h. nur ein Römisches Messbuch (zu dieser fadenscheinigen Behauptung siehe die Texte von Joseph Shaw in *From Benedict's Peace to Francis's War*, 260–279, 310–313 und 337–340). Wir müssen gegen solche sprachlichen Übergriffe Widerstand leisten und darauf bestehen, den Begriffen ihre korrekte traditionelle Bedeutung zu geben; wir müssen "Wortneuschöpfungen bekämpfen",

so die Mahnung von Papst Pius X. in seiner großen antimo-
dernistischen Enzyklika *Pascendi Dominici Gregis.* Zum Begriff
des "Gemeinwohls" siehe die Ausführungen von P. Edmund
Waldstein, "The Good, the Highest Good, and the Common
Good"; und Peter A. Kwasniewski, "The Foundations of Christian Ethics and Social Order", in *Integralism and the Common
Good: Selected Essays from "The Josias"*, Bd. 1: Family, City, and
State (Brooklyn, NY: Angelico Press, 2021), 7-48, insbesondere
22-30 und 39-46.

24 In dem bereits [s. Anm. 22] erwähnten Beitrag kommt Dr.
Holmes zu folgendem Schluss: "Das Gebot der Autorität ist
nur deshalb bindend, weil die Vernunft eines Menschen das
Gewicht des Gemeinwohls dahinter erkennen kann. Wenn
dieses Gebot das Gemeinwohl auf eine Art und Weise zerstört,
über die sich die Vernunft des Menschen nicht im Unklaren
sein kann, dann verliert das Gebot jede moralische Kraft. Der
Gehorsam beruht immer auf dem Erfassen des Guten durch
die Vernunft. Er ist nicht willkürlich oder blind."

25 Für weitere Argumente, die diese These stützen, siehe meinen
Vortrag "Beyond 'Smells and Bells': Why We Need the Objective Content of the *Usus Antiquior*", *Rorate Caeli*, 29. November
2019.

26 *The Liturgical Year*, Bd. 1: *Advent*, [ins Engl.] übers. v. Dom Lau-
rence Shepherd (Great Falls, MT: St. Bonaventure Publications,
2000), 1-2, 8, 16, Hervorhebung hinzugefügt.

27 *John Henry Newman on Worship, Reverence, and Ritual: A Selection
of Texts*, hrsg. v. Peter A. Kwasniewski (o.O.: Os Justi Press,
2019), 442.

28 Siehe "The Problem of False Antiquarianism" in meinem Buch
Reclaiming Our Roman Catholic Birthright (Brooklyn, NY: Angelico

Press, 2020), 149–160. Jedenfalls war der Antiquarianismus nichts weiter als eine bequeme Ausrede für die modernistischen Liturgiereformer, da sie, wie sich herausstellte, viele unbestreitbar antike Elemente des Römischen Ritus abschafften oder verwässerten; die antiken Quellen, die sie aufgriffen, wurden stark redigiert; und es wurden viele absolute Neuerungen eingeführt, die als "etwas in der Art, wie es die frühen Christen getan haben müssen", ausgegeben werden konnten. Nichts war betrügerischer oder verlogener als die nachkonziliare Berufung auf das Altertum.

29 *Concilii Vaticani II Synopsis in ordinem redigens schemata cum relationibus necnon Patrum orationes atque animadversiones. Constitutio de Sacra Liturgia Sacrosanctum Concilium*, hrsg. v. Francisco Gil Hellín (Città del Vaticano: Libreria Editrice Vaticana, 2003), 828.

30 *Das heilige Meßopfer dogmatisch, liturgisch und ascetisch erklärt* (Freiburg im Breisgau: Herder, 1902), 205.

31 Gihr, *Das heilige Meßopfer*, 546.

32 Es gehört zum göttlichen Gesetz, dass die Gläubigen nach den von Gott, von der Kirche, von heiligen Männern und Frauen überlieferten Riten Gottesdienst feiern. Wir sehen diesen Grundsatz sowohl im Alten Testament (z.B. "Sieh zu, dass du ihn nach dem Muster ausführst, das du auf dem Berg gesehen", Ex. 25,40; "Verschieb nicht die alte Grenze, die deine Väter gesetzt haben", Spr. 22,28) wie auch im Neuen Testament ("Ich habe euch überliefert, was auch ich empfangen habe", 1. Kor. 15,3; "Seid also standhaft, Brüder, und haltet an den Überlieferungen fest, in denen wir euch unterwiesen haben, sei es mündlich, sei es durch einen Brief." 2. Thess. 2,15). Diejenigen, die auf die Unterscheidung zwischen "primären und sekundären" oder "wesentlichen und zufälligen" Elementen hinweisen, legen diese oft völlig falsch aus und erkennen nicht, wie diese

Unterscheidung die Tradition eher unterstützt, als dass sie sie als nichtig beiseite schiebt. Ich habe dieses Thema schon oft erörtert; siehe z. B. das Kapitel "The Charge of Aestheticism" in *Reclaiming Our Roman Catholic Birthright*, 193–204; und meinen Artikel "How Much Can the Pope Change Our Rites, and Why Would He?", *OnePeterFive*, 20. Oktober 2021.

33 *From Benedict's Peace to Francis's War*, 104–105.

34 Vgl. "Interview mit Seiner Exzellenz Bischof Vitus Huonder", https://fsspx.de/de/news-events/news/die-jugendlichkeit-des-herzens-kommt-aus-dem-glauben-69273, 1. Oktober 2021. An anderer Stelle im selben Interview sagt er: "Nein, der Glaube ist gegeben, und der Glaube geht jeder Autorität voraus; beziehungsweise: Jede Autorität steht unter der Autorität des Glaubens, und das heißt schlussendlich unter der Autorität Unseres Herrn, denn der Glaube kommt von Unserem Herrn. Und jede Autorität ist dieser Autorität gegenüber verantwortlich....Ich wiederhole: Der Glaube ist gegeben, von Unserem Herrn her, von den Aposteln her, die ihn weitergegeben haben, und wir sind auf diesen Glauben verpflichtet. Das ist es, was heute in der Kirche weitgehend fehlt, und das bedroht die Einheit!"

35 Adrian Fortescue, "Liturgy of the Mass", *The Catholic Encyclopedia*, Spezialausg. (New York: The Encyclopedia Press, 1913), 9:800.

36 Mehr zu diesem Punkt finden Sie in meinem Artikel "Surprising Convergences between an Anti-Catholic Textbook and the Liturgical Reform", *New Liturgical Movement*, 5. August 2019.

37 "Von *Summorum Pontificum* zu *Traditionis Custodes* – oder Vom Naturpark zum Zoo – https://fsspx.de/de/news-events/news/von-summorum-pontificum-zu-traditionis-custodes-oder-vom-naturpark-zum-zoo-67548.

38 Eine ausführliche Behandlung dieses Themas findet sich in meinem Vortrag "The Pope's Boundedness to Tradition as a Legislative Limit," in *From Benedict's Peace to Francis's War*, 222–247.

39 Der vollständige Text des Eides auf Latein und Englisch findet sich in "'I Shall Keep Inviolate the Discipline and Ritual of the Church': Der frühmittelalterliche päpstliche Eid", *Canticum Salomonis*, 31. Juli 2021.

40 Suárez, *De Fide*, Disp. X, Abt. VI, Nr. 16. Der Leser sollte sich vor Augen halten, dass Suárez und andere, die sich in ähnlicher Weise äußern, auf die protestantische Fehlcharakterisierung einer absolutistischen päpstlichen Autorität reagierten, die ironischerweise unter Katholiken nach dem Ersten Vatikanum üblich wurde.

41 *De Caritate*, Disp. XII, Sect. 1: "si nollet tenere cum toto Ecclesiae corpore unionem et conjunctionem quam debet, ut si tentaret totam Ecclesiam excommunicare, aut si vellet omnes ecclesiasticas caeremonias apostolica traditione firmatas evertere." Es ist wichtig, an dieser Stelle darauf hinzuweisen, dass wir, wenn es um die ältesten Elemente der liturgischen Riten geht, oft nicht wissen können (und vielleicht auch nie wissen werden), welche von ihnen eine rein kirchliche und welche eine göttliche, apostolische oder nachapostolische Einrichtung sind—was es umso wichtiger macht, keines von ihnen zu eliminieren. Die Weisheit mehrerer Bischöfe des 19. Jahrhunderts, die die Ungültigkeit der anglikanischen Weihen erklärten, kann hier angeführt werden. Nachdem sie gesagt haben, dass lokale oder regionale Kirchen der Liturgie etwas *hinzufügen* konnten und dies auch taten, um sie zu bereichern oder zu verschönern, stellen sie fest: "Dass es ihnen auch erlaubt war, Gebete

und Zeremonien, die früher in Gebrauch waren, *wegzulassen* und sogar die bestehenden Riten auf die drastischste Weise umzugestalten, ist eine Behauptung, für die wir keine historische Grundlage kennen und die uns absolut unglaubwürdig erscheint....Wenn wir uns streng an den uns überlieferten Ritus halten, können wir uns immer sicher fühlen; wenn wir hingegen etwas weglassen oder verändern, geben wir vielleicht gerade das auf, was wesentlich ist." Siehe *A Vindication of the Bull "Apostolicæ Curæ"* (London: Longmans, Green, and Co., 1898), 44, 42.

42 Athanasius, *Encyclical Letter*, [ins Engl.] übers. v. M. Atkinson und Archibald Robertson, *Nicene and Post-Nicene Fathers*, Second Series, Bd. 4, hrsg. v. Philip Schaff und Henry Wace (Buffalo, NY: Christian Literature Publishing Co., 1892), überarb. und hrsg. für *New Advent* von Kevin Knight. Mit "Formen" bezeichnet Athanasius die öffentlichen Gebets- und Gottesdienstgewohnheiten, die *lex orandi*.

43 Mit den denkwürdigen Worten des heiligen Vinzenz von Lérins im Commonitorium, Kap. 3, Nr. 7: "Was [wird ein katholischer Christ tun], wenn eine neue Seuche nicht nur einen unbedeutenden Teil der Kirche, sondern die ganze Kirche anstecken will? Dann wird es seine Sorge sein, am Althergebrachten festzuhalten, das heute unmöglich durch irgendeinen Betrug der Neuheit verführt werden kann." ([Ins Engl.] Übers. v. C.A. Heurtley, *Nicene and Post-Nicene Fathers*, Zweite Serie, Bd. 11, hrsg. v. Philip Schaff und Henry Wace [Buffalo, NY: Christian Literature Publishing Co., 1894], überarb. und hrsg. für *New Advent* von Kevin Knight). Die überlieferte römische Liturgie ist mit Sicherheit vollständig und authentisch katholisch. Dieselbe Gewissheit kann nicht auf die Konzilsprodukte von Annibale

Wahrer Gehorsam in der Kirche

Bugnini mit ihren unerhörten Neuerungen und willkürlichen Archäologismen übertragen werden. Kritiker der lateinischen Messe haben argumentiert, dass einige ihrer bekanntesten Bräuche, wie der Empfang der Mundkommunion, während man kniet, eine Abweichung von der früher praktizierten "Tradition" darstellen und daher die Behauptung untergraben, dass diese Messe die traditionellste ist. Das ist kein seriöses Argument. Die späteren Bräuche sind logischerweise aus den früheren Bräuchen hervorgegangen, indem sie deren Implikationen weiterverfolgt haben: So führte eine intensivere Beschäftigung mit dem Geheimnis der Transsubstantiation und der Realpräsenz zu immer stärkeren Zeichen der Verehrung. Die Tradition wurde nicht umgestoßen, sondern vertieft, als die Kirche von einer *guten* Art, etwas zu tun oder zu sagen, zu einer *besseren* Art überging — besser entweder absolut (wie beim Knien, um die hl. Kommunion direkt in den Mund zu empfangen, was im Westen ein Zeichen der Anbetung und der Demut ist), oder besser in Bezug auf legitime pastorale Anliegen (wie bei der Kommunion unter der alleinigen Verwendung von Brot). Vinzenz' Berufung auf die Antike ist kein vereinfachender Appell an einen zufälligen historischen Moment, sondern berücksichtigt die logischen Konsequenzen des Glaubens der Kirche.

44 *Mitre & Crook* (Brooklyn, NY: Angelico Press, 2019), 117.

45 *From Benedict's Peace to Francis's War*, 220. Pater John Hunwicke kommentiert: "Die katholische Kirche hat, mehr als viele andere kirchliche Einrichtungen, einen tief verwurzelten Gerechtigkeitssinn. Das macht es für römische Katholiken leicht, die Kraft der *auctoritas* [d.h. die Autorität, welche einer Sache innewohnt, die sich einer lang anhaltenden und weit verbreiteten Akzeptanz erfreut] zu unterschätzen. Aber Benedikt XVI.

appellierte direkt an die *auctoritas*, als er schrieb: 'Was früheren Generationen heilig war, bleibt auch für uns heilig und groß, und es kann nicht plötzlich ganz verboten oder gar als schädlich angesehen werden.'" (ebd., 33)

46 "On the Credibility of the Catholic Church", in *From Benedict's Peace to Francis's War*, 296; das Zitat innerhalb des Zitats stammt aus dem Brief Benedikts XVI. an die Bischöfe vom 7. Juli 2007.

47 Vgl. meinen Artikel "Does *Traditionis Custodes* Lack Juridical Standing?", *From Benedict's Peace to Francis's War*, 74-78.

48 *From Benedict's Peace to Francis's War*, 168.

49 Vgl. Joseph Shaw, "St. Pius V and the Mass", *Voice of the Family*, 6. Oktober 2021.

50 "Der heilige Pius V. schuf keine neuen liturgischen Bücher, sondern kodifizierte so sorgfältig wie möglich die historische Praxis der Kirche von Rom, eine *lex orandi*, die den katholischen Glauben, der damals von den Protestanten angegriffen wurde, vollständig zum Ausdruck brachte. Mit seiner Apostolischen Konstitution *Quo Primum* vom 14. Juli 1570 legte er diesen Messritus feierlich als *regula fidei* fest. Diese Bulle wurde von seinen päpstlichen Nachfolgern in den nachfolgenden Ausgaben des Messbuchs wiederveröffentlicht, als Zeichen der Kontinuität der *lex orandi*, gerade damit die *lex credendi* vollständig bewahrt und überliefert werden konnte." ("Does *Traditionis Custodes* Lack Juridical Standing?", in *From Benedict's Peace to Francis's War*, 75) Ein bloßes Disziplinardekret verdrängt seine früheren Äquivalente allein durch die Tatsache, dass es veröffentlicht wird, was erklärt, warum ein neues Dokument dieser Art niemals den Inhalt des früheren Dekrets, das es ersetzt, wiedergeben würde. Das Argument, das *Quo Primum* als moralisch und dogmatisch versteht, wurde von Pater Gregory Hesse

vorgebracht und verteidigt; für eine Zusammenfassung siehe Michael Baker, "The Status of the Novus Ordo Missae", *Super Flumina Babylonis*, 21. Februar 2021. Dass ich Bakers Aufsatz zitiere, bedeutet nicht, dass ich mit allen seinen Schlussfolgerungen übereinstimme, wie ich auch nicht mit allen von Hesse übereinstimmen würde.

51 Pius V, *Quo Primum*; der Text stammt von *Papal Encyclicals Online*, da er sich auf der Website des Vatikan nicht findet. Anzumerken ist, dass genau das gleiche Argument wie beim *Missale Romanum* für alle traditionellen Riten und Zeremonien, die im *Rituale Romanum* und im *Pontificale Romanum* enthalten sind, angeführt werden kann und muss. Sie alle sind die authentische *lex orandi* der Römischen Kirche, die ihre *lex credendi* zum Ausdruck bringt.

52 Manche sagen: "Ach, das ist doch nur eine päpstliche Standardformulierung, die man in allen möglichen Dokumenten findet, in denen Dinge festgelegt werden, die später wieder aufgehoben werden."

Das stimmt — und auch wieder nicht. Man darf nicht nur die Sprache betrachten, sondern muss die Natur der Dinge an sich in den Blick nehmen, auf die die Sprache hinweist. Zu sagen, dass dieses oder jenes Disziplinargesetz niemals geändert werden darf, würde einen zukünftigen Papst mit gleicher Autorität nicht daran hindern, es zu ändern; aber in *Quo Primum* geht es um mehr als nur um Disziplin: Es geht um die Weitergabe des Glaubens der Kirche in seiner ältesten, verbindlichsten und normativsten Form, die Vorrang vor dem Lehramt selbst hat. Warum sollte der heilige Pius V. einen liturgischen Ritus in einer so repetitiven, nachdrücklichen und feierlichen Sprache beschreiben, wenn er nicht die Absicht hätte, zu vermitteln, dass dieser Ritus der liturgische Ausdruck des Glaubens der römischen Kirche aller Zeiten und für alle Zeiten ist? Das schließt natürlich Hinzufügungen wie das Christkönigsfest, geringfügige Änderungen wie die Erhöhung oder Herabsetzung des Ranges eines bestimmten Heiligen im Kalender, oder Veränderungen im Einklang mit dem Entwicklungsgang der Frömmigkeit wie dem Knien statt Stehen bei der Heiligen Kommunion nicht aus, aber es verunmöglicht sicherlich die Idee, einen uralten Ritus ganz abzuschaffen oder ihn so zu "modifizieren", dass das Endergebnis auf seine Ablehnung hinausläuft (siehe den vernichtenden Artikel von Matthew Hazell, "'All the Elements of the Roman Rite'? Mythbusting, Part II", *New Liturgical Movement*, 1. Oktober 2021).

Deshalb steht die Aufnahme der neuen Karwoche von Pius XII. in die *editio typica* des *Missale Romanum* von 1962 im Widerspruch zu dessen vorangestelltem *Quo Primum*, dem die Pacellianische Karwoche implizit widerspricht, da sie einen Bruch mit der katholischen Tradition und damit eine Sünde gegen die liturgische Vorsehung Gottes darstellt. Anhänger der Tradition, die mit ihren Grundsätzen übereinstimmen wollen, müssen die Karwoche vor dem Jahr 55 verwenden, für die keine Genehmigung erforderlich ist. Zum historischen Hintergrund siehe meine Artikel "Coincidences during the reign of Pius XII? Political background to Vatican II and liturgical changes" (*LifeSiteNews*, 25. Mai 2021); und "Lights and Shadows in the Pontificate of Pius XII" (*OnePeterFive*, 22. September 2021).

53 Vgl. die Bulle *Iniunctum Nobis* aus dem Jahr 1564, erlassen von Pius IV., dem Vorgänger von Pius V.

54 Vgl. mit einer umfassenden Verteidigung dieser Aussage meinen bereits in Anm. 25 erwähnten Vortrag "Beyond Smells and Bells" sowie die Vorträge "Two 'Forms' of the Roman Rite: Liturgical Fact or Canonical Fiat?" (*Rorate Caeli*, 14. September 2020) und "Beyond *Summorum Pontificum*: The Work of Retrieving the Tridentine Heritage" (*Rorate Caeli*, 14. Juli 2021).

55 In einem Interview mit Carlos Herrera auf Radio COPE sagte Franziskus: "Nach diesem Motu Proprio ist ein Priester, der das zelebrieren will, nicht mehr in der gleichen Lage wie vorher—dass es aus Nostalgie, aus Liebhaberei, &c. war—und deshalb muss er die Erlaubnis von Rom einholen. Eine Art Erlaubnis für den Bi-Ritualismus, die nur von Rom erteilt wird. [Wie] ein Priester, der im östlichen und im lateinischen Ritus zelebriert, er ist bi-rituell, aber mit der Erlaubnis Roms" (Transkript hier: www.vaticannews.va/en/pope/news/2021-09/pope-after-operation-it-never-crossed-my-mind-to-resign.html). In einem Gespräch mit Jesuiten in der Slowakei sagte er: "Von nun an müssen diejenigen, die mit dem Vetus Ordo zelebrieren wollen, die Erlaubnis von [*sic*] einholen, wie es auch für den Biritualismus gilt" (Transkription hier: www.laciviltacattolica.com/freedom-scares-us-pope-francis-conversation-with-slovak-jesuits/).

56 Bischof Schneider sagt ganz unverblümt: "Die zunehmende Verbreitung der Feier der Traditionellen Messe offenbart allen, dass es bei ehrlicher und genauer Betrachtung einen echten Bruch zwischen den beiden Riten gibt, sowohl rituell als auch lehrmäßig. Der traditionelle Ritus ist sozusagen ein ständiger Vorwurf an die Autoritäten des Heiligen Stuhls, der besagt: 'Ihr habt eine Revolution in der Liturgie veranstaltet...'." [Ins Engl.] übersetzt aus "Entretien exclusif de Mgr. Athanasius Schneider à MPI", *Médias-Presse-Info*, 24. September 2021.

57 Das neue Messbuch von Papst Paul VI. weist erschreckende Ähnlichkeiten mit dem Ritus von Cranmer auf, wie man bei einem nüchternen Vergleich leicht feststellen kann. Nützliche Diagramme dazu finden Sie unter www.whispersofrestoration. com/chart und www.lms.org.uk/missals.

58 William Lilly, "England (Since the Reformation)", *The Catholic Encyclopedia*, Spezialausg. (New York: The Encyclopedia Press, 1913), 5:449. Eine detaillierte und aufschlussreiche Darstellung der liturgischen Revolution im England des 16. Jahrhunderts bietet Michael Davies, *Cranmer's Godly Order: The Destruction of Catholicism through Liturgical Change*, überarb. Ausg. (Ft. Collins, CO: Roman Catholic Books, 1995).

59 "*Sensus Fidei* in the Life of the Church", Nr. 61-62. Das Dokument ist auf der Website des Vatikan abrufbar.

60 Ebd., Nr. 63. Das Dokument zitiert weitere Texte des heiligen Thomas von Aquin, die eine eingehende Betrachtung verdienen. Für weitere Kommentare siehe Roberto de Mattei, "Resistance and Fidelity to the Church in Times of Crisis", in ders., *Love for the Papacy and Filial Resistance to the Pope in the History of the Church* (Brooklyn: Angelico Press, 2019), 105-130. Leider ist der vorletzte Absatz (§127) – typisch für vatikanische Dokumente heutzutage – ein abstoßendes Loblied auf das "neue Pfingsten" des Zweiten Vatikanischen Konzils und die "neuen Wege" von Papst Franziskus. Selbst der gute Homer döst von Zeit zu Zeit weg.

61 Siehe John Clark, "Without the Right of Conscience, There Is No Common Good", *Crisis Magazine*, 28. September 2021. Rubén Peretó Rivas sagt: "Es gibt einen allgemeinen Grundsatz des Naturrechts, der für jede Autorität gilt: Befehle müssen rational sein. Wenn ein Befehl nicht von der Vernunft geleitet

Wahrer Gehorsam in der Kirche

wird, ist er kein Gesetz, sondern Zwang und Gewalt. Und während der Papst zwar von niemandem auf Erden verurteilt werden kann, kann man sich seinen offensichtlich irrationalen Gesetzen oder Befehlen widersetzen. Selbst wenn der Papst zum Beispiel keine Farbigen mag, kann er die afrikanischen Diözesen nicht unterdrücken; er kann auch nicht alle männlichen Mitglieder seiner Familie zu Bischöfen weihen, um den Bergoglios Glanz zu verleihen. Wenn er kibbeh und sfiha nicht mag, könnte er den maronitischen Ritus nicht unterdrücken; und wir könnten noch andere Beispiele für Irrationalitäten anführen, die sich einem Papst verbieten – und gegen die, wenn er sie beginge, es erlaubt, wenn nicht sogar geboten wäre, ihm zu widerstehen." (*From Benedict's Peace to Francis's War*, 294).

62 John Henry Newman, *Arians of the Fourth Century*, Anm. 5: The Orthodoxy of the Body of the Faithful during the Supremacy of Arianism (www.newmanreader.org/works/arians/note5.html). Zur weiterführenden Lektüre vgl. den am 7. April 2018 in Rom gehaltenen Vortrag von Walter Kardinal Brandmüller "Die Befragung von Gläubigen in Lehrangelegenheiten", vollständig (in englischer Sprache): www.lifesitenews.com/news/cardinal-brandmueller-talk/

63 Die Worte von Erzbischof Carlo Maria Viganò sind in ihrer Aufrichtigkeit bewegend: "Ich bekenne es mit Gelassenheit und ohne Polemik: Ich gehörte zu den vielen Menschen, die trotz vieler Verwirrungen und Befürchtungen, die sich heute als absolut legitim erweisen, der Autorität der Hierarchie bedingungslosen Gehorsam entgegenbrachten. In Wirklichkeit glaube ich, dass viele Menschen, mich eingeschlossen, anfangs nicht die Möglichkeit in Betracht gezogen haben, dass es einen Konflikt zwischen dem Gehorsam gegenüber einem Befehl der Hierarchie und der Treue

zur Kirche selbst geben könnte. Was diese unnatürliche, ja ich würde sogar sagen perverse Trennung zwischen der Hierarchie und der Kirche, zwischen Gehorsam und Treue, greifbar gemacht hat, war sicherlich dieses jüngste Pontifikat." (*A Voice in the Wilderness*, hrsg. v. Brian M. McCall [Brooklyn, NY: Angelico Press, 2021], 175). Massimo Viglione verweist auf eine Schwäche in einigen "traditionsverbundenen" Kreisen: "Die erste Sorge sollte sein, immer der Wahrheit zu folgen und sie zu verteidigen, und nicht die kriecherische, unterwürfige und skrupellose Anbiederei, die die verdorbene Frucht eines missverstandenen Tridentinismus ist." (*From Benedict's Peace to Francis's War*, 110–111)

64 *ST* I, Q. 79, Art. 13.

65 Aus dem "Brief an den Herzog von Norfolk", zitiert im *Katechismus der Katholischen Kirche* (München: R. Oldenbourg Verlag), 1778 [abgekürzt *KKK*].

66 *Gaudium et Spes* 16, zitiert in *KKK* 1776.

67 Zitiert in *KKK* 1779.

68 *KKK* 1777, Hervorhebung hinzugefügt.

69 *Commentary on John*, [ins Engl.] *übers.* v. J. Weisheipl und F. Larcher (Albany: Magi Books, 1980), Kap. 7, Lekt. 5, Nr. 1090.

70 Vgl. Marc D. Guerra, "Thomas More's Correspondence on Conscience", *Religion & Liberty*, Bd. 10, Nr. 6, 20. Juli 2010, www.acton.org/thomas-mores-correspondence-conscience . In seinem *Sentenzen-Kommentar* sagt der heilige Thomas (*In IV Sent.*, Dist. 38, Q. 2, Art. 4, qa. 3), dass ein verheirateter Mann bereit sein muss, eher exkommuniziert zu sterben, als eheliche Beziehungen mit jemandem zu unterhalten, den ein Kirchengericht für seine Frau hält, von der er aber weiß, dass sie nicht seine Frau ist, da "die Wahrhaftigkeit des Lebens auch nicht aufgegeben werden darf, um einen Skandal zu vermeiden".

Wahrer Gehorsam in der Kirche

71 Eine ausgezeichnete thomistische Erörterung des Gewissens,
wie es mit Gottes Gesetz zusammenhängt, warum es befolgt
werden muss und wie es unterdrückt oder pervertiert werden
kann, findet sich in J. Budziszewski, *What We Can't Not Know:
A Guide*, überarb. Ausg. (San Francisco: Ignatius Press, 2011).
Siehe auch die tiefgründige Ansprache des verstorbenen Kardi-
nals Carlo Caffarra, "The Restoration of Man", veröffentlicht
im *Catholic World Report*, 20. September 2017. Ein Auszug: "Das
Gewissen sagt absolut: Du musst diese Handlung tun; du darfst
jene Handlung nicht tun. Die Stimme des Gewissens konfron-
tiert die Freiheit des Menschen mit einem Absoluten: einer
absoluten Pflicht….Der Mensch kann sich einer Verpflichtung,
die ihm das Gewissensurteil auferlegt, nicht entziehen: Die
universelle Erfahrung der Reue beweist es….Die Tatsache, dass
der Mensch das Gefühl hat, sich nicht von einer Verpflichtung
befreien zu können, die ihm sein Gewissen auferlegt, zeigt, dass
das Gewissensurteil den Menschen eine Wahrheit erkennen
lässt, die dem Gewissen selbst vorausgeht. Eine Wahrheit also,
die nicht wahr ist, weil unser Gewissen sie kennt, sondern umgekehrt; unser Gewissen kennt sie, weil diese Wahrheit existiert.
Mit anderen Worten: Nicht die Wahrheit hängt vom Gewissen
ab, sondern das Gewissen hängt von der Wahrheit ab."

72 Mit den Worten von Pater John Hunwicke: "Keine *auctoritas*
kann in Erlassen bestehen, die offenkundig die heilige Tradition
untergraben." (*From Benedict's Peace to Francis's War*, 32).

73 ST I-II, Q. 96, Art. 4. Insofern ein Laster als "Ungehorsam" bezeichnet wird, sollte die Weigerung, einem ungerechten Gesetz zu
folgen, nicht schlechthin "Ungehorsam" genannt werden. Pater
Francisco José Delgado erklärt: "Der Papst kann die Tradition
nicht per Dekret ändern oder sagen, dass die Liturgie nach dem

Zweiten Vatikanischen Konzil der einzige Ausdruck der *lex orandi* im Römischen Ritus ist. Da dies falsch ist, ist die Gesetzgebung, die sich aus diesem Prinzip ergibt, ungültig und sollte gemäß der katholischen Moral nicht befolgt werden, was jedoch nichts mit Ungehorsam zu tun hat." Zitiert in José Antonio Ureta, "The Faithful Are Entitled to Defend Themselves against Liturgical Aggression", in *From Benedict's Peace to Francis's War*, 168.

74 Roberto de Mattei, "2021 in the Light of the Fatima Message and Right Reason", *Rorate Caeli*, 2. Januar 2021.

75 Sebastian Morello, "Revolution and Repudiation: Governance Gone Awry", in *From Benedict's Peace to Francis's War*, 99. Ähnlich schreibt Bischof Schneider: "Ein fast eintausend Jahre alter gültiger und hochgeschätzter liturgischer Schatz ist nicht das Privateigentum eines Papstes, über das er frei verfügen kann. Deshalb müssen die Seminaristen und jungen Priester um das Recht bitten, diesen gemeinsamen Schatz der Kirche zu benutzen, und wenn ihnen dieses Recht verweigert wird, können sie ihn trotzdem benutzen, möglicherweise auch im Verborgenen. Das wäre kein Akt des Ungehorsams, sondern des Gehorsams gegenüber der Heiligen Mutter Kirche, die uns diesen liturgischen Schatz geschenkt hat. Die entschiedene Ablehnung einer fast tausend Jahre alten liturgischen Form durch Papst Franziskus stellt, verglichen mit dem konstanten Geist und der Praxis der Kirche, de facto ein kurzlebiges Phänomen dar." ("A Drastic and Tragic Act", in *From Benedict's Peace to Francis's War*, 147) In einer Konferenz in Paris am 25. Juni 2021 erklärte Bischof Schneider unumwunden: "Die Gläubigen und die Priester haben das Recht auf eine Liturgie, die die Liturgie aller Heiligen ist...Folglich hat der Heilige Stuhl nicht die Macht, ein Erbe der ganzen Kirche zu unterdrücken. Das

Wahrer Gehorsam in der Kirche

wäre ein Missbrauch, auch von Seiten der Bischöfe. In diesem
Fall kann man die Messe weiterhin in dieser Form feiern: Es
ist eine Form des Gehorsams ...gegenüber allen Päpsten, die
diese Messe gefeiert haben." (Zitiert von Jean-Pierre Maugendre,
"Francis: The Pope of Exclusion", in *From Benedict's Peace to
Francis's War*, 62).

76 Erzbischof Viganò hat einige nützliche Ratschläge, wie man
mit der Situation umgehen kann: "Die Reaktion auf jede Ein-
schränkung oder jedes Verbot der Feier der traditionellen Messe
muss natürlich sowohl die objektiven Elemente als auch die
verschiedenen Situationen berücksichtigen: Wenn ein Priester
als Oberhaupt einen eingeschworenen Feind des alten Ritus
hat, der keine Skrupel hat, ihn a divinis zu suspendieren, wenn
er die tridentinische Messe zelebriert, dann könnte öffentlicher
Ungehorsam eine Möglichkeit sein, den Missbrauch des Ober-
haupts deutlich zu machen, besonders wenn die Nachricht von
den Medien verbreitet wird: Die Prälaten haben große Angst
vor der Darstellung ihrer Handlungen in den Medien, und
manchmal ziehen sie es vor, auf kanonische Maßnahmen zu
verzichten, um nicht in den Zeitungen zu landen. Der Priester
muss daher abwägen, ob sein Handeln durch eine faire und
direkte Konfrontation oder durch ein diskretes und versteck-
tes Vorgehen effektiver ist. Meiner Meinung nach ist die erste
Option die geradlinigste und transparenteste und diejenige,
die dem Verhalten der Heiligen am meisten entspricht, dem
wir nachkommen müssen." ("Lapides Clamabunt", in *From
Benedict's Peace to Francis's War*, 203-204).

77 In diesem Zusammenhang sei darauf hingewiesen, dass sowohl
Kardinal Josyf Slipyj als auch Kardinal Karol Wojtyła geheime
Weihen aufgrund ihrer inneren Überzeugung vornahmen,

dass das Wohl der Kirche hinter dem Eisernen Vorhang dies erforderte; Erzbischof Marcel Lefebvre verteidigte seinen eigenen dramatischen (wenn auch öffentlichen) Schritt in gleicher Weise. Siehe meinen Artikel "Clandestine Ordinations Against Church Law: Lessons from Cardinal Wojtyła and Cardinal Slipyj", *OnePeterFive*, 13. Oktober 2021.

78 Vgl. P. John P. Lovell, "What Is a Canceled Priest?", *OnePeterFive*, 4. Oktober 2021. Es sei ausdrücklich betont: Ich spreche von einem Priester, der für nichts anderes bestraft wird als für den "Fehler", an der liturgischen Tradition festzuhalten, was kein Fehler, sondern eine überragende Tugend ist—zum Beispiel ein Priester, der suspendiert wird, nur weil er weiterhin die traditionelle lateinische Messe liest, nachdem der Ortsbischof es gewagt hat, dies zu verbieten; oder ein Priester, der von seiner Pfarrstelle und von allen Gemeindeaufgaben enthoben wird, weil er nicht mehr guten Gewissens die Heilige Kommunion in die Hand austeilen kann. Die meisten Vorgesetzten denken sich in solchen Fällen gewöhnlich irgendwelche fadenscheinigen Anschuldigungen aus, um vom eigentlichen Problem abzulenken.

Der Grundsatz "was umsonst [[[ohne Begründung / aus freien Stücken]]] gegeben wird, kann auch ohne Begründung wieder weggenommen werden" muss richtig verstanden werden. Kein Mensch hat ein absolutes Recht, Priester zu werden, und kein Priester hat ein absolutes Recht, die Messe zu feiern oder die anderen Sakramente zu spenden. Aber wenn wir verstehen, dass der eigentliche Zweck des Priestertums darin besteht, Opfer darzubringen, Sünder wieder mit der Kirche zu versöhnen, neue Mitglieder in die Kirche aufzunehmen usw., dann wäre es absurd, wenn ein Mann, sobald er zum Priester geweiht ist, an seinem Dienst—d.h. dem Dienst

Wahrer Gehorsam in der Kirche

Christi in ihm und durch ihn — gehindert würde, es sei denn, er hat sich tatsächlich eines Fehlverhaltens schuldig gemacht (z.B. Häresie, Schisma, sexueller Missbrauch). Es wäre also richtiger zu sagen: "Was aus freien Stücken für den Zweck X gegeben wird, darf nicht weggenommen werden, es sei denn, X wird verletzt", oder, ausführlicher formuliert: "Was aus freien Stücken für das Gemeinwohl der Kirche und das Wohl eines jeden Christgläubigen gegeben wird, darf nicht weggenommen werden, es sei denn, der Empfänger dieser Gabe handelt gegen das Gemeinwohl oder gegen das Wohl der Gläubigen." Damit sind wir wieder bei der Frage nach dem *bonum commune* der Kirche angelangt, das (mit den Worten Pius' IV. über den traditionellen Römischen Ritus) nicht von den "empfangenen und anerkannten Zeremonien der katholischen Kirche bei der feierlichen Spendung aller Sakramente" getrennt werden kann.

79   Die übliche Argumentation wäre, dass ein Priester, dem die Vollmachten entzogen wurden, zwar weiterhin gültig (aber unrechtmäßig) die Heilige Messe feiern, taufen, die Letzte Ölung erteilen und konfirmieren kann (wenn er dies zum Zeitpunkt der Taufe oder der Aufnahme in die Kirche tut); dass er aber außer in Notfällen keine gültige sakramentale Absolution erteilen und nicht als Zeuge einer gültigen sakramentalen Ehe fungieren kann. Ohne leugnen zu wollen, dass es sich um komplizierte kanonische Fragen handelt, dürfen wir den Elefanten im Raum nicht übersehen: Der traditionelle katholische Glaube wird von denjenigen angegriffen, die seine obersten Bewahrer und Verteidiger sein sollten — angegriffen in einem noch nie dagewesenen Ausmaß. Damit ist bereits ein allgemeiner Notstand gegeben, der nicht als solcher "erklärt" werden muss.

(Wer würde ihn ausrufen? Sicherlich nicht die Lavendelmodernisten, die in den höchsten Positionen sitzen und vom Zerfall des katholischen Glaubens und der Moral profitieren oder ihn zumindest gutheißen.) Das Grundrecht der Getauften auf ein traditionsgemäßes sakramentales Leben, das göttlichem Recht entspringt, darf niemals durch die Berufung auf oder die Anwendung von menschlichen Gesetzen beeinträchtigt werden, wie maßgebend diese auch immer sein mögen. Das Gesetz wird nicht jeder Situation gerecht, und zweifellos müssen die kanonischen Grundsätze der Billigkeit und der *epikeia* zum Tragen kommen. Das kanonische Recht ist dazu da, die Verherrlichung Gottes und die Heiligung seines Volkes zu erleichtern, und nicht, um sie zu behindern und zu erschweren. Weitere Argumente für diese Position finden Sie in meinem Artikel "Have There Been Worse Crises Than This One?", *OnePeterFive*, 13. Januar 2021.

80 Vgl. Roberto de Mattei, *Love for the Papacy and Filial Resistance to the Pope*, 17–22.

81 *Voice in the Wilderness*, 253. Und weiter: "Die Annullierung der Vergangenheit und der Tradition, die Verleugnung der Wurzeln, die Delegitimierung des Widerspruchs, der Missbrauch der Autorität und die scheinbare Achtung der Regeln: sind das nicht die typischen Elemente aller Diktaturen?" (ebd., 229).

82 *From Benedict's Peace to Francis's War*, 199-200. Über den "konservativen" Klerus, der versuchen könnte, mit einem "ehrfürchtigen Novus Ordo" auszukommen, sagt Massimo Viglione zu Recht: "Am Ende, früher oder später, werden sich auch diese Priester am Scheideweg wiederfinden und wählen müssen zwischen entweder dem Gehorsam gegenüber dem Bösen oder dem Ungehorsam gegenüber dem Bösen, um dem Guten treu

zu bleiben. Der Kamm der Revolution, in der Gesellschaft wie in der Kirche, hinterlässt keine Knoten." Siehe meinen Artikel "Why Restricting the TLM Harms Every Parish Mass", *From Benedict's Peace to Francis's War*, 287-291.

83 Martin Mosebach sagte in einem Interview: "Die Feindschaft der gegenwärtig in der Kirche herrschenden Kreise gegen die Tradition ist bedingungslos. Dort wird man erst ruhen, wenn die Tradition restlos vernichtet ist. Papst Franziskus hat neulich offenbar gesagt: 'Die Tradition tötet uns'. Er weiß gar nicht, wie recht er hat: Ja, die Tradition wird früher oder später über ihn zu Gericht sitzen, weil sie die Essenz der Kirche ist, weil sie auch die Basis des Papsttums ist, das ohne Tradition gar nicht existiert" ("'Legitimierte Illegalität'—Martin Mosebach zu *Traditionis custodes*," katholisches.info, 5. Oktober 2021). Wir sollten den Weitblick haben zu erkennen, dass das Papsttum gerade eine krebsartige Mutation durchmacht—nicht dergestalt, dass das Amt zerstört wird (denn das wäre unmöglich), sondern so, dass es sich in der Praxis selbst pervertiert und seiner eigenen Funktion im mystischen Leib zuwiderhandelt. Das Motu Proprio *Traditionis Custodes* ist offensichtlich ein Angriff auf das Erbe der Kirche und ihr Gemeinwohl. Das bedeutet, dass der Gehorsam gegenüber *diesem* Papst in diesen Fragen ein Ungehorsam gegenüber Christus und dem Papsttum als solchem wäre. Deshalb können die praktischen Entscheidungen, auch wenn sie an dem notwendigen Kriterium der Gemeinschaft mit Rom festhalten, aus Gründen der legitimen Selbstverteidigung und des angemessenen Widerstands gegen schwere Übel jenen Schritten ähneln, die Erzbischof Lefebvre unternommen hat und die von der Piusbruderschaft unternommen wurden.

Endnoten

84 *From Benedict's Peace to Francis's War*, 161. 1998 veröffentlichte die Kongregation für die Glaubenslehre eine Reflexion mit dem Titel *Der Primat des Nachfolgers Petri im Geheimnis der Kirche* (verfügbar auf der Website des Vatikans), die mehrere Schlüsselpunkte hervorhebt: "Der römische Bischof steht — wie alle Gläubigen — unter dem Worte Gottes und unter dem katholischen Glauben.... Mit anderen Worten: Die Zuständigkeit (*episkope*) des Primats hat die Grenzen, die aus dem Gesetz Gottes und der in der Offenbarung enthaltenen, unantastbaren göttlichen Stiftung der Kirche hervorgehen.... Aufgrund des besonderen Charakters der Primatsgewalt gibt es keine Instanz, der gegenüber der römische Bischof sich über den Gebrauch der empfangenen Gabe von Rechts wegen verantworten müßte: 'Prima Sedes a nemine iudicatur.' Das bedeutet jedoch nicht, daß der Papst eine absolute Macht hätte.... Die letzte und unabdingbare Verantwortung des Papstes findet die beste Garantie einerseits in seiner Einordnung in die Tradition und in die brüderliche Gemeinschaft und andererseits im Vertrauen auf den Beistand des Heiligen Geistes, der die Kirche leitet." (Nr. 7 und 10) Dieser letzte Satz bringt uns direkt zurück zu der oben erwähnten Diskussion über die Normativität der Tradition und die traditionserhaltende Rolle des Heiligen Geistes in der Geschichte der Kirche, insbesondere in der organischen Entwicklung ihrer Liturgie.

85 Die staatliche Kontrolle über kirchliche Funktionen wurde im *Syllabus Errorum* (1864) von Papst Pius IX. verboten, der den Satz verurteilte: "Die weltliche Obrigkeit kann sich in Dinge einmischen, die sich auf die Religion beziehen ...und hat das Recht, über die Verwaltung der göttlichen Gnadenmittel und der zu ihrem Empfange nötigen Anforderungen Beschlüsse

Wahrer Gehorsam in der Kirche

zu fassen." (Nr. 44) Die Tatsache, dass der Klerus die Messe oder die Sakramente auch den sonst zum Empfang disponierten katholischen Gläubigen nicht vorenthalten darf, ist ein seit langem etablierter Grundsatz des Kirchenrechts (vgl. CIC [1983] 213-214, 384, 519, 528.2), auch wenn er in jüngster Zeit Gegenstand von Debatten geworden ist. Für die vernünftige und glaubenserfüllte Perspektive eines Bischofs zu diesem Thema empfehle ich Diane Montagnas Interview in *The Remnant* vom 27. März 2020, "Bishop Athanasius Schneider on Church's Handling of Coronavirus".

86 Aus dem in der vorigen Anmerkung zitierten Interview.

87 Die in jüngster Zeit weit verbreiteten Verbote der Messe im Namen einer " öffentlichen Gesundheitskrise " sind nicht nur beispiellos in der Geschichte der Kirche, sondern verraten auch eine gefährlich protestantische Auffassung von der Messe. Nach der Definition des Konzils von Trient ist der Hauptzweck der Messe nicht eine soziale Funktion oder ein gemeinschaftliches Mahl zum Nutzen der Teilnehmer (obwohl sie auch diesen Zwecken dient), sondern die Setzung eines göttlichen Denkmals, "ein sichtbares (wie es die Natur des Menschen erfordert) Opfer zu hinterlassen, durch das jenes blutige Opfer, das einmal am Kreuze dargebracht werden sollte, vergegenwärtigt werden, sein Gedächtnis bis zum Ende der Zeit fortdauern und dessen heilbringende Kraft für die Vergebung der Sünden, die von uns täglich begangen werden, zugewandt werden sollte" (Denzinger, S. 665 f.). Mit anderen Worten: Die Messe muss als tägliches, Gott wohlgefälliges Opfer der Kirche fortbestehen, unabhängig davon, wie die äußeren Umstände sind. Die Aufgabe der Klugheit besteht nicht darin, die Messe oder den Zugang zu den Sakramenten abzuschaffen oder stark einzuschränken,

sondern zu bestimmen, wie ihr *ununterbrochener Fortbestand* unter den gegebenen Umständen am besten gewährleistet werden kann. Es gibt eine tiefere theologische Perversion, die die Bereitschaft zur Aufhebung der Sakramente erklärt, nämlich den allgegenwärtigen Einfluss einer modernistischen Auffassung von den Sakramenten als "Heilstheater", in dem wir symbolisch darstellen und dadurch in Erinnerung rufen, was im "Christus-Ereignis" bereits objektiv stattgefunden hat; kurz gesagt, die Sakramente bewirken nicht unsere Erlösung, sondern erinnern uns nur an eine bereits vollzogene Erlösung. Daher sind sie nicht notwendiger als Theateraufführungen. Für eine vollständige Analyse siehe Thomas Pink, "Vatican II and Crisis in the Theology of Baptism", veröffentlicht in *The Josias* am 2., 5. und 8. November 2018.

88 Erzbischof Carlo Maria Viganò sagt dazu: "Wenn ihr nur die Tridentinische Messe feiert und eine gesunde Lehre predigt, ohne jemals das Konzil zu erwähnen, was können sie euch dann schon antun? Sie können euch vielleicht aus euren Kirchen hinauswerfen, und was dann? Niemand kann euch jemals daran hindern, das Heilige Opfer zu erneuern, selbst wenn es auf einem behelfsmäßigen Altar in einem Keller oder auf einem Dachboden geschieht, wie es die widerspenstigen Priester während der Französischen Revolution taten oder wie es noch heute in China geschieht. Und wenn sie versuchen, euch auszugrenzen, dann wehrt euch: Das Kirchenrecht dient dazu, die Leitung der Kirche bei der Verfolgung ihrer primären Ziele zu schützen, nicht sie zu zerstören. Hören wir auf damit, uns einzureden, die Schuld am Schisma läge bei denen, die es anprangern, und nicht bei denen, die es ausführen: Schismatiker und Häretiker sind jene, die den mystischen Leib Christi verwunden

und kreuzigen, nicht diejenigen, die ihn verteidigen, indem sie die Vollstrecker anprangern!" (*Voice in the Wilderness*, 203).

89 So sehen wir heute zum Beispiel, dass die Arbeit der FSSPX-Priester, die ohne offizielle kirchliche Genehmigung oder Erlaubnis durchgehalten haben und sich jahrzehntelang unter kanonischen Unregelmäßigkeiten abmühten, allmählich gerechtfertigt wurde, da die vatikanische Politik ihnen gegenüber von offener Feindseligkeit über resignierte Toleranz bis hin zu wohlwollender Akzeptanz reichte (wobei die konkrete Situation von Ort zu Ort sehr unterschiedlich ist). Vgl. mit weiteren Einzelheiten meinen Artikel "Is It Ever Okay to Take Shelter in an SSPX Mass?", *OnePeterFive*, 3. April 2019. Für andere Fälle, in denen päpstliche Entscheidungen aufgehoben und scheinbarer Ungehorsam gerechtfertigt wurde, siehe Timothy Flanders, "Why the Term 'Extraordinary Form' is Wrong", *The Meaning of Catholic*, 9. August 2019. Flanders' sprachliches Argument wurde (wenn auch mit einem völlig konträren Verständnis der Realitäten) durch die effektive Abschaffung der Terminologie der "ordentlichen und außerordentlichen Formen" der Messe durch Papst Franziskus bestätigt.

90 *From Benedict's Peace to Francis's War*, 67.

91 *From Benedict's Peace to Francis's War*, 330–331.

92 Vgl. Apg. 5,40–42: "Alsdann riefen sie die Apostel herein, ließen ihnen Streiche geben, befahlen ihnen, ja nicht mehr im Namen Jesu zu reden, und entließen sie. Diese gingen nun freudig vom Angesichte des hohen Rates hinweg, weil sie würdig befunden worden, um des Namen Jesu willen, Schmach zu leiden. Täglich aber ohne Unterlass lehrten sie im Tempel wie in den Häusern umher, und verkündeten die frohe Botschaft von Christus Jesus."

93 Vgl. Bronwen McShea, "Bishops Unbound: The History behind Today's Crisis of Church Leadership", *First Things*, Januar 2019.

94 Wenn wir nicht aufpassen, verfallen wir nämlich in zwei Irrtümer, die von Papst Pius IX. im Syllabus Errorum verurteilt wurden: "Das Recht besteht in der materiellen Tatsache; und alle Pflichten der Menschen sind ein eitler Name; und alle menschlichen Taten haben Gesetzeskraft" (59) sowie "Das geglückte Unrecht einer Tat tut der Unverletzlichkeit des Rechts keinen Abbruch" (61). Massimo Viglione kommentiert: "Wir müssen *'nicht den Menschen gefallen, sondern Gott, der unsere Herzen prüft'* (1. Thess. 2,4). Ganz genau! Wer also den Menschen gehorcht, obwohl er weiß, dass er das Böse fördert und das Gute behindert, wer auch immer es sein mag – einschließlich der kirchlichen Hierarchie, einschließlich des Papstes -, wird in Wirklichkeit ein Komplize des Bösen, der Lüge und des Irrtums. Wer unter diesen Bedingungen gehorcht, gehorcht nicht Gott. 'Denn kein Sklave ist größer als sein Herr' (Mt 10,24)." (*From Benedict's Peace to Francis's War*, 110).

95 *The Great Betrayal: Thoughts on the Destruction of the Mass* (Waterloo, ON: Arouca Press, 2021), 71-72. Mit den "Ökumenikern" meint er die Mitglieder des Konzils, die die Neue Messe so nah wie möglich an den protestantischen Gottesdienst heranführen und für die Protestanten so akzeptabel wie möglich gestalten wollten. Für einige bemerkenswerte Beweise in dieser Richtung siehe Sharon Kabel, "Catholic fact check: Jean Guitton, Pope Paul VI, and the liturgical reforms", 7. Dezember 2020, https://sharonkabel.com/post/guitton/.

96 Vgl. den in Anmerkung 77 erwähnten Artikel.

Über den Autor

Peter Kwasniewski hat einen B.A. in Liberal Arts vom Thomas Aquinas College und einen M.A. und Ph.D. in Philosophie von der Catholic University of America, mit Schwerpunkt auf dem Gedankengut des Heiligen Thomas von Aquin. Nach seiner Tätigkeit als Dozent am International Theological Institute in Österreich gehörte er zum Gründungsteam des Wyoming Catholic College, wo er bis 2018 Theologie, Philosophie, Musik und Kunstgeschichte unterrichtete und den Chor und die Schola leitete. Heute ist er hauptberuflich als Autor und Redner tätig, dessen Arbeiten auf Websites und in Zeitschriften wie *The New Liturgical Movement, OnePeterFive, Rorate Caeli, The Remnant, Catholic Family News* und *Latin Mass Magazine* veröffentlicht werden. Dr. Kwasniewski hat in akademischen und populärwissenschaftlichen Zeitschriften Beiträge über sakramentale und liturgische Theologie, die Geschichte und Ästhetik der Musik, die katholische Soziallehre und Themen der heutigen Kirche veröffentlicht. Er hat sechzehn Bücher geschrieben oder herausgegeben, darunter zuletzt *From Benedict's*

Wahrer Gehorsam in der Kirche

Peace to Francis's War (Angelico, 2021) und *Ministers of Christ: Recovering the Roles of Clergy and Laity in an Age of Confusion* (Crisis Publications, 2021). Sein Werk wurde in mindestens achtzehn Sprachen übersetzt. Weitere Informationen finden Sie auf seiner Website: www.peterkwasniewski.com.